FRANCESCA SCHINZINGER
ANSÄTZE ÖKONOMISCHEN DENKENS
VON DER ANTIKE BIS ZUR REFORMATIONSZEIT

ERTRÄGE DER FORSCHUNG

Band 68

FRANCESCA SCHINZINGER

ANSÄTZE ÖKONOMISCHEN DENKENS VON DER ANTIKE BIS ZUR REFORMATIONSZEIT

1977

WISSENSCHAFTLICHE BUCHGESELLSCHAFT

DARMSTADT

CIP-Kurztitelaufnahme der Deutschen Bibliothek

Schinzinger, Francesca
Ansätze ökonomischen Denkens von der Antike bis zur Reformationszeit. — Darmstadt: Wissenschaftliche Buchgesellschaft, 1977.
(Erträge der Forschung; Bd. 68)
ISBN 3-534-05510-1

2345

Bestellnummer 5510-1

Satz: Druckerei A. Zander, 6149 Rimbach
Druck und Einband: Wissenschaftliche Buchgesellschaft, Darmstadt
Printed in Germany
Schrift: Linotype Garamond, 9/11

ISBN 3-534-05510-1

INHALT

VORWORT

Bis zur Zeit der Reformation kann von volkswirtschaftlichen Lehrmeinungen kaum gesprochen werden. Es gibt keine systematischen Untersuchungen zur Wirtschaftstheorie und Wirtschaftspolitik; Ausführungen über wirtschaftlich relevante Fragen gehen von völlig anders gearteten Fragestellungen aus. Die Schriftsteller, insbesondere die der Antike, beschränken sich entweder auf praktische Ratschläge, vor allem für die Landwirtschaft, oder aber sie sehen und beurteilen das Wirtschaftsleben unter ethischen Gesichtspunkten. Dies zeigen deutlich die Ausführungen zum Zinsverbot und zum gerechten Preis sowie die Gedanken über das Verhältnis des einzelnen zum Staat.

Sozialethische Überlegungen gehören nicht nur in den Bereich der Philosophie, sondern auch zur Theologie. Dies gilt unbestritten für das Mittelalter und — wenn auch mit Einschränkungen — für die Zeit der Reformation. Es gilt aber auch für die Antike, wenn man hier unter „Theologie“ die Beziehung des denkenden und handelnden Menschen zu einer höheren Macht versteht.

Wer sich mit den Ansätzen ökonomischen Denkens in der Antike und im Mittelalter befaßt, muß daher bemüht sein, eine verwirrende Fülle von Fakten und Gedanken zu bewältigen. Vieles, was über „Wirtschaft“ geschrieben wird, ist nur aus einem sehr komplizierten Kontext philosophischer oder theologischer Überlegungen zu verstehen. Bei einem Versuch, solche Gedankengänge unter ökonomischen Gesichtspunkten zusammenzufassen, sind Vereinfachungen und Schwerpunktverschiebungen kaum zu vermeiden.

Die wirtschaftsethischen Gedanken der antiken und der christlichen Schriftsteller werden bis heute diskutiert; sie stehen im Mittelpunkt der Darstellung. Deshalb wurde den Autoren breiter

Raum gewidmet, deren Gedanken zu einem Fragenkomplex von immer wiederkehrender Bedeutung gehören. Die Ansichten weniger bekannter Autoren sollten aber auch mit einigen Zeilen kurz skizziert werden. Die Geldlehre des 16. Jahrhunderts zeigt den Beginn neuzeitlicher wirtschaftstheoretischer Überlegungen; daher wurde dieser Abschnitt in den Anhang verwiesen.

Äußerungen zu ökonomischen Fragen können meist nur aus dem wirtschaftshistorischen Kontext verstanden werden. Die wirtschaftliche Realität liefert die Fragestellung für denjenigen, der sich mit wirtschaftlichen Problemen befaßt. Zur Erhellung des zeitgeschichtlichen Hintergrundes war es notwendig, aus der Fülle des teilweise ungesicherten oder umstrittenen Materials eine Auswahl zu treffen, die notwendigerweise subjektiv ist.

Bei der verwerteten Sekundärliteratur standen die Ökonomen des 19. Jahrhunderts im Vordergrund, die sich mit wirtschaftsethischen Fragen auseinandergesetzt haben. Aus der Notwendigkeit, Literatur aus verschiedenen Disziplinen einzubeziehen, ergibt sich, daß die bibliographischen Angaben einen Anspruch auf Vollständigkeit weder erheben können noch erheben wollen.

I. DIE GRIECHISCHE ANTIKE

1. Der politische und ökonomische Hintergrund

Über die griechische Frühzeit wissen wir wenig. Nach den Unruhen der ägäischen Wanderung reichte der Ertrag der Landwirtschaft bald nicht mehr aus, um die wachsende Bevölkerung zu ernähren. Kriege wurden geführt, um den Nachbarvölkern Land wegzunehmen oder um sie auszurauben. Der Gewinn aus den Kriegen und Raubzügen fiel in erster Linie den Stammeshäuptern zu, die dadurch zu relativ mächtigen Königen wurden. Neben den Königen gewann der Adel immer mehr Macht; er bekam von den Königen Land und Sklaven und löste schließlich das Königtum in der Regierung ab.

In der Feudalzeit waren die großen Haushalte autark; [1] die Eigenproduktion dominierte, und es fand kaum Tauschverkehr am Markt statt. Diese Autarkie war aber in den einzelnen Landesteilen und Städten sehr unterschiedlich.

Das Leben der Bauern um 700 v. Chr. schilderte Hesiod. Die Bauern waren rechtlich benachteiligt und konnten sich kaum gegen die Übergriffe der adligen Großgrundbesitzer wehren.

[1] Vgl. Karl Bücher, Die Entstehung der Volkswirtschaft, Bd. I, Tübingen 1919: Ausgehend von dem Verhältnis, in dem die Produktion der Güter zur Konsumtion steht, hat Bücher die erste der von ihm charakterisierten Wirtschaftsstufen als „Hauswirtschaft" bezeichnet. 1876 unterschied er: geschlossene Hauswirtschaft, Wirtschaft der Dorf- oder Markgenossenschaft, Stadtwirtschaft, Volkswirtschaft. 1893 vereinfachte er seine Theorien und unterschied nur noch drei Stufen: geschlossene Hauswirtschaft, Stadtwirtschaft, Volkswirtschaft; bzw. „reine Eigenproduktion und tauschlose Wirtschaft", „Kundenproduktion und direkten Austausch", „Warenproduktion und Güterumlauf".

Handwerker und Händler besaßen wenig soziales Ansehen. Den Händlern wurde gegen feste Abgaben Schutz gewährt.

Mit der Vorherrschaft auf dem Meer wurden die Griechen zur führenden Macht im Seehandel; die Epoche der griechischen Kolonisation (8.—6. Jh. v. Chr.) begann.

Die Adelsherrschaft verlor ihre Grundlage, als sich die Kriegstechnik änderte. Im 7. Jahrhundert wurde die ritterliche Form des Einzelkampfes nach und nach durch den Kampf bewaffneter Verbände abgelöst. Hierfür mußten Bürger eingesetzt werden, die ihre Ausrüstung selbst bezahlten (Hopliten) — damit stieg die soziale Bedeutung von Vermögen und Einkommen, die Bedeutung der Abstammung trat in den Hintergrund. Die Bildung der neuen Kampfverbände wurde vor allem durch die Bauern ermöglicht. Damit gewannen deren Forderungen nach Neuverteilung des Landes und Aufhebung der Schulden an politischem Gewicht.

Am Ende des 7. Jahrhunderts begann in der ganzen von Griechen bewohnten Welt die Zeit der Tyrannis. Sie ergab sich aus den Schwierigkeiten des Adels bei der Lösung der neuen kriegstechnischen und sozialen Probleme. Als zu Beginn des 6. Jahrhunderts auch in Athen die Errichtung einer Tyrannis drohte, wurde SOLON dazu bestimmt, entsprechend der veränderten Lage einen Ausgleich zwischen den Ständen herbeizuführen. SOLON regelte zunächst die Schuldverhältnisse: an die Stelle der Schuldknechtschaft traten zwei Formen des Pfandrechts. Dieses Gesetz erhielt rückwirkende Kraft, so daß die Schuldsklaven ihre Freiheit zurückerhielten und das verschuldete Land den früheren Eigentümern zurückgegeben werden mußte. SOLON versuchte weiter, die Staatsverfassung den Erfordernissen der neuen Kriegstechnik (Hoplitentaktik) anzugleichen: Jeder Bürger sollte in dem Heeresteil dienen, dessen Ausrüstung er aufbringen konnte; er erhielt die seinem Wehrbeitrag entsprechenden politischen Rechte. Ferner bemühte sich SOLON, fremde Gewerbetreibende nach Athen zu ziehen. Die Fremden mußten eine Kopfsteuer zahlen und durften keinen Boden erwerben. Die ständig in Athen wohnenden freien Nichtbürger (Metöken) erhielten

Sonderrechte. Trotz dieser Reformen setzte sich auch in Athen die Tyrannis durch (PEISISTRATOS 546 v. Chr.); damit wurde vor allem die Macht des Adels gebrochen.

Nach Beseitigung der Tyrannis an der Wende vom 6. zum 5. Jahrhundert wurde eine grundlegende Neuordnung des Staates notwendig. Die Ordnung, die KLEISTHENES dem Staate gab, gilt als die endgültige Ausprägung der Hopliten-Polis, einer aus militärischen Gründen erweiterten Oligarchie. In ihr hatten große Gruppen der Bevölkerung keine Rechte; die Metöken, die Fremden, die Freigelassenen, die Frauen und die Minderjährigen.

Im 5. Jahrhundert wurde die Flottenpolitik zum bestimmenden ökonomischen und sozialen Faktor. Die Mannschaften der Ruderer entstammten der untersten Vermögensklasse (Theten); da sie für die Kriegführung unentbehrlich waren, verbesserte sich ihre soziale Stellung. Der Bau und die Reparatur der Schiffe beschäftigten nicht nur attische Arbeiter, sie bewirkten auch einen Zuzug von Fremden. Handwerk und Seehandel blühten. Der Aufschwung des Handels führte zu einer Produktion für den Markt, oft in Betrieben, die als „Manufakturen" bezeichnet werden können. Die veränderte Produktionsweise verursachte tiefgreifende Wandlungen in den Arbeitsverhältnissen: die Gewerbe setzten in großem Umfang Sklaven ein, die als Kriegsbeute gewonnen wurden.

Soziale und politische Veränderungen konnten bei der Umgestaltung des Wirtschaftslebens nicht ausbleiben. Die Auflösung der Großfamilie als Wirtschaftseinheit begann. Zwischen Adel und Bauern trat ein neuer Stand, die städtischen Gewerbetreibenden und Händler. Die soziale Stellung der Kaufleute wurde differenzierter: im Gegensatz zum Kleinhändler genoß der Überseekaufmann (Emporos) hohes Ansehen.

Eine für das Wirtschaftsleben wichtige Begleiterscheinung war der Übergang zum Geldverkehr. Zuerst wurden die Waren nach Gewichtseinheiten gegen Edelmetalle getauscht, wobei die Metalle in einem festen Wertverhältnis zueinander standen. Staaten und Privatpersonen hinterlegten Geld in den Tempeln, da die Heiligkeit des Ortes besondere Sicherheit bot. Die Tempelverwaltung lieh die hinterlegten Gelder gegen Zinsen aus. Hiervon ausgehend entwickelte sich das griechische Bankwesen. Das steigende Kreditbedürfnis des Handels veranlaßte schließlich auch Privatleute, sich mit Bankgeschäften zu befassen.

Zwischen den Perserkriegen und dem Peloponnesischen Krieg, zur Zeit des attischen Seebundes, hatte Athen eine unangefochtene politische Machtstellung und erlebte eine wirtschaftliche Blütezeit. Getreidespenden an die Bevölkerung und die Verwendung der Mittel aus der Bundeskasse — nicht nur für die Befestigung, sondern auch für die Ausschmückung der Stadt (Akropolis) — zeigten die Vormachtstellung Athens an, die zugunsten der städtischen Bevölkerung genutzt wurde.

Athen versuchte, den Bereich des Seebundes zu einem wirtschaftlichen Einflußbereich auszubauen: allein der attische Münzfuß sollte gelten, der Handel sollte ausschließlich über Piräus abgewickelt werden, Zollschranken schützten das Gebiet gegenüber fremden Händlern. Die Getreideausfuhr aus dem Schwarzmeergebiet wurde von Athen kontrolliert, Athen erstrebte das Monopol für die Lieferung von Fertigwaren in dieses Gebiet.

Nach dem Tode des PERIKLES (429 v. Chr.) begann der Niedergang Athens. Kurzsichtiger Egoismus, der auf schnelle Bereicherung gerichtet war, bestimmte die Politik. Die athenische Flottenexpedition nach Sizilien, die dem Verlangen nach Beute entsprungen war, brachte mit der Niederlage Athens die Entscheidung im Peloponnesischen Krieg.

Am Ende des Peloponnesischen Krieges (404 v. Chr.) ist in der griechischen Welt eine ökonomische und politische Krise festzustellen, die sich in der Verödung vieler Ländereien (vor allem in Attika) und in einem Rückgang von Handel und Gewerbe äußerte. In den Städten kam es zu schweren Auseinandersetzungen zwischen den sozialen Schichten.

Zur Zeit des zweiten attischen Seebundes (377 v. Chr.) gelangte Athen nach den auf die Niederlage folgenden Bevölkerungsverlusten wieder zu bescheidenem Wohlstand. Bei wachsender Bevölkerungszahl wurde die Stadt immer abhängiger von Getreideeinfuhren — die Autarkie der Polis blieb ein Wunschtraum.

Das schon im 5. Jahrhundert zu beobachtende Streben nach Wohlstand trat in der zweiten Hälfte des 4. Jahrhunderts wieder deutlich hervor. Es verband sich nun mit einem Individualismus, der durch die prächtige Ausgestaltung der privaten Bauten dokumentiert wird.

Im 4. Jahrhundert verlagerte sich die politische Macht in der griechischen Welt von der Polis zum Territorialstaat. Die wichtigsten Beispiele hierfür sind Syrakus und Makedonien. Mit der Vorherrschaft Makedoniens kam das Ende der griechischen Polis.

2. Die Schriftsteller der Zeit und ihr Beitrag zu ökonomisch relevanten Fragen

Im griechischen Altertum wurde zwar in der Landwirtschaft und in den Gewerbebetrieben rationales Vorgehen gefordert. Doch erst als der Handel zur wirtschaftlichen Verflechtung aller damals bekannten Völker führte und als das Geldwesen ausgebildet wurde, finden wir in der Literatur die ersten Überlegungen, die man — mit großer Vorsicht — als „ökonomisch“ bezeichnen könnte.

Diese ökonomischen Überlegungen stammen aus zwei Wurzeln: zum einen aus den Erfordernissen der betrieblichen Praxis, zum anderen aus der Philosophie. Man hielt einmal Erkenntnisse fest, die bei der Bewältigung praktischer Aufgaben gewonnen worden waren. Zum anderen sah man das wirtschaftliche Leben unter ethischen Gesichtspunkten als Teil der gesellschaftlichen Wirklichkeit.

Die griechischen Philosophen setzten sich innerhalb ihrer „Politik“ und ihrer „Ethik“ mit wirtschaftlichen Fragen auseinander, jedoch ausschließlich unter dem Aspekt des Sollens. Eine wertfreie theoretische Betrachtung der Wirtschaft fehlte.

Hesiod (um 700 v. Chr.) behandelt in seiner Schrift ›Werke und Tage‹ den Tätigkeitstrieb des Menschen. So ermahnt er den Leser vor allem, Landwirtschaft als die „löblichste Form“ des

Wirtschaftens zu bevorzugen. Die Schrift ist eines der wenigen Zeugnisse ökonomischen Denkens aus der Zeit, bevor sich die Geldwirtschaft durchsetzte.

Werke:

Unter ökonomischer Fragestellung interessiert nur die Schrift ›Werke und Tage‹: Hesiodi Opera et dies. Recensuit Aristides Colonna. Mailand 1959.

Über Hesiod:

F. Dornseiff, Die archaische Mythenerzählung. Folgerungen aus dem homerischen Apollonhymnos. Berlin 1933.

A. R. Burn, The World of Hesiod. A Study of the Greek Middle Ages c. 900—700. Second Edition, New York 1966.

Solon (etwa 640—560 v. Chr.) führte den attischen Staat aus einer schweren wirtschaftlichen Krise. Aristoteles unterscheidet drei Gruppen von Maßnahmen: 1. Entschuldung der Bürgerschaft, 2. Ordnung der Währung sowie der Maße und Gewichte, 3. Gesetzgebung.

Es steht fest, daß Solon die Schuldknechtschaft der Kleinbauern beseitigte. Wie weit die Beseitigung aller anderen Schuldverhältnisse gegangen ist, kann nicht beurteilt werden, da Umfang und Einzelheiten der Schuldverhältnisse in der damaligen Zeit uns nicht genau bekannt sind. In der Gesetzgebung ist Solon weniger durch Neuschöpfungen, als durch Weiterentwicklung bereits kodifizierter Normen des attischen Rechts und ihre Anpassung an die wirtschaftlichen Gegebenheiten hervorgetreten. Im Handelsrecht fällt auf, daß das Verbot, Zinsen zu nehmen, aufgehoben wurde — wohl in Anpassung an die Gewohnheiten des Handels. Das Eigentum sollte geschützt werden — dabei muß man beachten, daß der griechische Eigentumsbegriff noch nicht genau geklärt ist. Er unterscheidet sich wohl in wesentlichen Punkten von dem römischrechtlichen.

An Primärquellen stehen zur Verfügung: die Gedichte Solons (rd. 300 Verse sind erhalten) und Teile des Gesetzeswerkes.

Werke:

Dichtungen. Sämtliche Fragmente. Hrsg. v. E. Preime. 3. Aufl., München 1945. (Zweisprachig.)

Kommentar zu Solons Werken:

J. M. Linforth, Solon the Athenian. New York 1919.

E. Ruschenbusch (Hrsg.), Solones nomoi. Die Fragmente des solonischen Gesetzeswerkes. Mit einer Text- und Überlieferungsgeschichte. Wiesbaden 1966.

Die wichtigsten *antiken Quellen* zu SOLON sind: PLUTARCH, ›Das Leben Solons‹ und ARISTOTELES, ›Die Republik der Athener‹.

Über Solon:

B. Niese, Zur Geschichte Solons und seiner Zeit. In: Historische Untersuchungen (A. Schäfen). Berlin 1882.

B. Keil, Die solonische Verfassung in Aristoteles' Verfassungsgeschichte Athens. Berlin 1892.

C. F. Lehmann-Haupt, Solon of Athens. The Poet, the Merchant and the Statesman. Liverpool 1912.

K. Freeman, The Work and Life of Solon. With a Translation of his Poems. Cardiff 1926.

E. Hlavka, Solons Gesetze im Einklang mit Solons Gedichten. Diss. Wien 1947.

K. Hönn, Solon. Staatsmann und Weiser. Wien 1948.

V. Ehrenberg, From Solon to Socrates. Greek History and Civilization during the Sixth and Fifth Centuries B. C. London 1968.

HERODOT (etwa 5. Jahrhundert v. Chr.) gilt als Begründer der Geschichtswissenschaft. Er gibt aufschlußreiche Beschreibungen des Lebens in der antiken Welt, obwohl seine Schriften als unzuverlässige und stark subjektiv gefärbte Quelle angesehen worden sind. HERODOT bemühte sich, nur das aufzuzeichnen, was er selbst gesehen hatte, oder was ihm von Ortsansässigen berichtet worden war.

Werke:

Neun Bücher der Geschichte. Deutsch in zahlreichen Übersetzungen, u. a. in: Klassiker des Altertums, München u. Leipzig 1911.

Herodot: Historien. Griech.-Deutsch. Hrsg. von J. Feix. 2 Bde. München 1963.

Kommentar zu den Werken Herodots:

H. Stein, Herodotos. Sein Leben und sein Geschichtswerk nebst einer Übersicht seines Dialektes. Berlin 1870.

Über die Diskussion zu Herodots Werken:

A. Kirchhoff, Über die Entstehungszeit des Herodotischen Geschichtswerkes. 2. Aufl., Berlin 1878.

W. Marg (Hrsg.), Herodot. Die Bemühungen um sein Verständnis. 2. überarb. und erw. Aufl., Darmstadt 1965.

W. Marg (Hrsg.), Herodot. Eine Auswahl aus der neueren Forschung. 2. Aufl., Darmstadt 1965.

M. Pohlenz, Herodot. Der erste Geschichtsschreiber des Abendlandes. 3. unveränderte Aufl., Darmstadt 1973.

Thukydides (um 440 v. Chr.) setzt das historische Werk Herodots fort, indem er den Krieg zwischen Athen und Sparta beschreibt. Er hebt die positiven Leistungen des Handels und der Geldwirtschaft hervor.

Werke:

Geschichte des Peloponnesischen Krieges. Übertragen von Theodor Braun. 2 Bde. 2. Aufl., Leipzig 1961.

Über Thukydides' Leben:

W. Roscher, Leben, Werke und Zeitalter des Thukydides. Göttingen 1842.

Über Thukydides als Historiker:

E. Schwartz, Das Geschichtswerk des Thukydides. 2. Aufl., Bonn 1929.

W. Schadewaldt, Die Geschichtsschreibung des Thukydides. Ein Versuch. Berlin 1929.

G. Méautis, Tucydides et l'impérialisme athénien. Paris 1964.

Xenophon (um 400 v. Chr.) hat ein sehr reichhaltiges Schrifttum hinterlassen. Neben den Werken der Geschichtsschreibung erscheinen unter ökonomischen Aspekten zwei Werke wesentlich:

›Oikonomikos‹ und ›Von den Staatseinkünften der Athener‹. Wirtschaftsethische Überlegungen finden sich auch in den übrigen Werken, insbesondere in der ›Cyropädie‹ (Erziehung des Cyrus), in den ›Erinnerungen‹ an Sokrates und im ›Gastmahl‹.

Im ›Oikonomikos‹ liegt — in Form eines Gespräches mit SOKRATES — erstmals ein Lehrbuch mit Abhandlungen über Haushalt und Landwirtschaft vor. Arbeitsteilung und Berufsgliederung werden im Zusammenhang mit den Unterschieden zwischen Stadt und Land ausführlich dargelegt. Zunächst wird im ›Oikonomikos‹ die Frage nach der Bedeutung des Reichtums für den einzelnen diskutiert, insbesondere für seine Freiheit. Danach wird darüber gesprochen, wie Reichtum erworben und erhalten werden könne. In diesem Zusammenhang findet sich ein Exkurs über die Aufgaben der Frau im Haushalt. Breiten Raum nehmen Anweisungen für die Landwirtschaft und für die Erziehung der Sklaven ein.

XENOPHON muß einer der am meisten gelesenen griechischen Autoren in den vorchristlichen und in den ersten drei nachchristlichen Jahrhunderten gewesen sein.

Die Ausführungen über die Landwirtschaft sind von den römischen Landbauschriftstellern übernommen worden, insbesondere in der Einteilung der Abschnitte. CATO und VARRO beziehen sich auf XENOPHON.

Die Ausführungen über die Landwirtschaft gehen auch von dem in den Schriften XENOPHONS dominierenden Thema aus, nämlich der Frage der Kriegsführung und der Bereitschaft zum Kriege. Er betont den Wert der körperlichen und psychischen Ertüchtigung, die die Arbeit in der Landwirtschaft für potentielle Krieger mit sich bringt. Nach XENOPHON gewährt die Landwirtschaft dem Menschen Genuß, Reichtum und körperliche Ertüchtigung: sie erzieht die Menschen zur Arbeit und zwingt sie, Mühen zu ertragen.

Bei den Ausführungen über die Frau fällt auf, daß sie im Rahmen ihrer Aufgaben als dem Manne ebenbürtig angesehen wird; er gibt einen Katalog der weiblichen Pflichten, zu denen u. a. die

Vorratshaltung sowie Anleitung und Belehrung der Untergebenen gehören.

Xenophon geht auch der Frage nach Erfolg oder Mißerfolg in der Landwirtschaft nach, d. h. der Frage, warum der ökonomische Erfolg der Bauern so ungleich ist. Hier scheint er marktwirtschaftliche Prinzipien zu beachten, wenn er z. B. betont, großer Gewinn stelle sich dann ein, wenn die Bauern ihr Getreide dort verkauften, wo es Mangelware ist und daher einen hohen Preis erzielt.

Ökonomisch-theoretische Gedankengänge finden sich aber vor allem in ›Von den Staatseinkünften der Athener‹. Hier wird der im ›Oikonomikos‹ einzelwirtschaftlich verfolgte Gedankengang auf die gesamte Gemeinschaft bezogen: Wie können die Einkünfte vermehrt werden? In dieser Schrift betont Xenophon auch weniger kriegerische Zwecke als die Bedeutung des Friedens: In Friedenszeiten könne Athen eine geistige und wirtschaftliche Führerrolle gewinnen und behaupten. Xenophon zählt zunächst die möglichen Hilfsquellen Attikas auf, insbesondere in der Landwirtschaft und im Fischfang. Dann wendet er sich dem Bergbau zu — neben dem Marmorbruch vor allem dem Silberbergbau. Anschließend untersucht er die Bedeutung des Handels und der fremden Kaufleute. Er sieht Athen als Handelszentrum. Die Metöken werden als nützliche Einwohner gepriesen. Die Staatseinkünfte könnten vermehrt werden, wenn die Stadt Handel und Schiffahrt sowie den Zuzug fremder Händler fördere.

Im Zusammenhang mit dem Ausbau der Silberförderung in Laureion betont Xenohpon den Unterschied zur Landwirtschaft. Anders als in der Landwirtschaft könne der Ertrag im Bergbau proportional zum Einsatz der Arbeitskräfte steigen. Xenophon kennt aber noch nicht das Phänomen der Inflation. Er sagt, es könne gar nicht genug Silber in Umlauf gebracht werden, da die Menschen unersättlich seien. Im Zusammenhang mit der Vermehrung der Arbeitskräfte scheint Xenophon die Bedeutung des Kapitalzinses zu erkennen. Er schlägt vor, Staatssklaven an Unternehmer zu verpachten. Die Pacht entspräche der Verzinsung für investiertes Kapital; aus den Einnahmen durch Vermietung dieser Sklaven könnten die Bürger Athens eine Staatspension erhalten. XENOPHON betont, daß die Bergwerke durchaus mit einer hohen Zahl von Arbeitskräften (rd. 10 000) rentabel arbeiten könnten. Er postuliert einen Risikoausgleich beim Anlegen neuer Stollen: Die Staatssklaven sollten phylenweise abgegeben werden und Stollen graben, denn es sei ja möglich, daß einzelne erfolglos graben, während andere beim Bau neuer Stollen neue Adern finden.

XENOPHON scheint auch die Gefahren einer Konjunkturüberhitzung zumindest zu ahnen, wenn er eine nur schrittweise Erhöhung der Investitionen vorschlägt. Er kennt auch schon psychologische Faktoren, denn er betont, daß die Kriegsangst Bürger von Investitionen abschrecken könnte, weil ein Krieg die vorgenommenen Investitionen zunichte macht.

Die Berechnungen XENOPHONS erscheinen zuweilen unrealistisch, aber sie scheinen praktische Auswirkungen gehabt zu haben, denn die Gruben von Laureion bringen von ca. 350 v. Chr. an einen hohen Ertrag. Die Schrift über den Staatshaushalt der Athener läßt — im Ansatz — bereits den Gedanken einer staatlichen Lenkung der Wirtschaft erkennen, nämlich in der Erkenntnis, daß in Zeiten wirtschaftlicher Schwäche dem Staat Funktionen zuwachsen, die ursprünglich privaten Unternehmen zukamen.

Werke:

Oikonomikos (Von der Haushaltungskunst); eine Diskussion zwischen Sokrates und Kritobulos über die Bewirtschaftung eines landwirtschaftlichen Betriebes. In: Xenophontis Oeconomicus, Apologia Socratis, Symposium Hiero, Agesilaus. cum animadversionibus 10. Augusti Bachii. Lipsiae 1749.

Von den Staatseinkünften der Athener; eine Sammlung von Ratschlägen, wie die Staatskasse gefüllt werden könnte, 355—354 entstanden. Vgl. dazu: August BOECKH, Die Staatshaushaltung der Athener. 2 Bde. Berlin 1886. Unveränd. photomech. Nachdruck Berlin 1967.

Hellenika; geschichtliche Darstellung von 411 (THUKYDIDES) bis zur

Schlacht von Mantinea (362) in sieben Büchern. In: Xenophontis opera, Recensuit Hude-Gemoll. Lipsiae 1930.

Cyropädie (Die Erziehung des Cyrus); eine idealisierende Biographie Cyrus' des Älteren in acht Büchern. Dieses Werk enthält Beschreibungen von Schlachten und Instruktionen für militärische Befehlshaber anhand konkreter Beispiele. In: Xenophontis opera. Recensuit Hude-Gemoll. Lipsiae 1912.

Erinnerungen an Sokrates. Die vier Bücher enthalten eine Verteidigung des Sokrates gegen den Sophisten Polycrates und einzelne Fakten aus dem Leben des Sokrates, die diese Verteidigung Punkt für Punkt untermauern sollen. Dabei stützt sich Xenophon auf Platon. In: Xenophontis opera. Recensuit Hude-Gemoll. Lipsiae 1928.

Die Staatsverfassung der Athener. Dieses Werk stammt wahrscheinlich nicht von Xenophon, sondern entstand in Athen, als Xenophon noch nicht geboren war. Dazu: K. J. Gelzer, Die Schrift vom Staate der Athener. Berlin 1937.

Darstellungen der ökonomisch relevanten Gedanken Xenophons:

G. Vogel, Die Ökonomie des Xenophon. Eine Vorarbeit für eine Geschichte der griechischen Ökonomik. Erlangen 1895.

A. Oncken, Geschichte der Nationalökonomie. Leipzig 1922.

Hinweise auf Xenohpon finden sich bei Michael Rostovtzeff (Sozial- und Wirtschaftsgeschichte der hellenistischen Welt. 3 Bde., Darmstadt 1955/56) und F. M. Heichelheim (An Ancient Economic History. 3 Bde. Leiden 1964).

Aristophanes (455—375 v. Chr.) beschäftigt sich mit dem Problem der sozialen Gerechtigkeit als Gegenstand allgemeiner ethischer Reflexion und zeigt in seinen Stücken wirtschaftliche Grundtatbestände.

Werke:

Von den rund 44 Komödien, die Aristophanes geschrieben haben soll, sind nur elf erhalten.

Im Zusammenhang mit ökonomischen Fragen interessieren ›Plutos‹ (Der Reichtum) und ›Die Ekklesiazusen‹ (Die Weiberherrschaft). Die Ironie ist das wesentliche Element der Darstellung. Der Reichtum, der „gerecht“ macht (Plutos) erweist sich ebenso als Illusion, wie der kommunistische Staat (Ekklesiazusen). — Deutsche Übersetzung u. a. in:

Sämtliche Komödien. Übertragen von L. Seeger. Einl. zur Geschichte und zum Nachleben der griech. Komödie nebst Übertragungen von Fragmenten der Alten und Mittleren Komödie von O. Weinreich. Zürich 1968.

Über Aristophanes:

S. Altmann, Studien zur Lehre vom Geldwert. Diss. Berlin 1906.

P. Mombert, Geschichte der Nationalökonomie. Jena 1927.

A. M. Andreades, Geschichte der griechischen Staatswirtschaft. Bd. I. München 1931.

ANDREADES und MOMBERT vertreten die Auffassung, bei ARISTOPHANES werde schon die Erscheinung beschrieben und analysiert, die fast 2000 Jahre später als "GRESHAM'SCHES Gesetz" bekannt geworden ist. Aus der Arbeit von ALTMANN wird deutlich, daß dies eine einseitige Sicht ist, da ARISTOPHANES die internationalen Zahlungen nicht berücksichtigt hat.

Die *sozialgeschichtliche Bedeutung* des ARISTOPHANES hebt hervor: V. EHRENBERG, Aristophanes und das Volk von Athen. Zürich u. Stuttgart 1968.

PLATON (427—347 v. Chr.), Schüler des SOKRATES, stammte aus einer vornehmen Familie in Athen. SOKRATES' Philosophie, sein Leben und Sterben haben großen Einfluß auf ihn gehabt: In allen Dialogen PLATONS (außer in den ›Nomoi‹) ist SOKRATES die Hauptfigur.

Nach dem Tode SOKRATES' unternahm er zahlreiche Reisen, u. a. nach Sizilien und Ägypten (390—388 v. Chr.). In Syrakus versuchte er, den Tyrannen DIONYSIOS I für die Errichtung eines Idealstaates zu gewinnen — ohne Erfolg. Nach der Rückkehr gründete er (387 v. Chr.) nahe dem Hain des Heros Akademos seine „Akademie", die nicht nur der wissenschaftlichen Forschung, sondern auch der Lehre (Menschenführung) diente. Lehrgegenstände waren: Philosophie, Mathematik, Astronomie. PLATON hat zwar als erster Theorie und Praxis begrifflich geschieden; dennoch fordert er „Ganzheit": Wer das Gute erkennt, muß es auch nach Kräften verwirklichen. Die Theorie ist darauf angelegt, verwirklicht zu werden.

Der Drang, das Erkannte in die Praxis umzusetzen, führte PLATON zu zwei weiteren Reisen nach Sizilien (366 u. 361 v. Chr.). Sein Versuch, DIONYSIOS II von Syrakus davon zu überzeugen, daß die Gedanken über den Staat praktisch realisierbar seien, endete, wie schon bei DIONYSIOS I, mit einem Fehlschlag.

PLATONS Werk umfaßt 25 sogenannte „Dialoge" und 13 Briefe; bei einigen ist seine Autorenschaft umstritten. Unter dem hier interessierenden Gesichtspunkt sind vor allem ›Der Staat‹, ›Politikos‹ (Der Staatsmann) und ›Die Gesetze‹ wichtig:

Im ›Staat‹ steht das Problem der Gerechtigkeit im Vordergrund; allerdings nicht im Sinne von „Tauschgerechtigkeit" wie bei ARISTOTELES oder THOMAS VON AQUINO, sondern als soziale Gerechtigkeit. Gerechtigkeit sieht PLATON sowohl als Aufgabe des Einzelnen an wie des Staates. Das Wesen der Gerechtigkeit offenbart sich im Staat und in seinem Wirken. Ungerechtigkeit führt zur Vernichtung des Staates.

Ökonomisch relevante Schlüsse kann man aus PLATONS Ausführungen über die Ungerechtigkeit ziehen: Ungerechtigkeit ist der Feind jeglicher Gemeinschaft und ein Mittel, andere zu übervorteilen — hierin liegt das Zerstörende. Daraus könnte gefolgert werden, daß auch Ungerechtigkeit beim Tausch zur Zerstörung der Gemeinschaft führt. Durch das Gewinnstreben werden eigennützige Interessen verfolgt, die sich gegen die Gemeinschaft richten. Gegen dieses Streben muß durch das Gesetz vorgegangen werden.

In den ›Gesetzen‹ lehnt PLATON den Handel entschieden ab. Während er im ›Staat‹ noch die Berechtigung des Außenhandels anerkennt, wird hier Handel in jeder Form als unehrenhaft angesehen. Vor allem wendet sich PLATON gegen diejenigen, die ohne Arbeit in dem von ihm vertretenen Sinne (d. h. Bebauen des Bodens) durch „Zwischenhandel" Gewinne zu erzielen versuchen.

In diesem Zusammenhang äußert sich PLATON auch über den Preis. Der Preis soll sich nach dem „Wert" richten. Er betont, der Staat müsse die Preise festlegen. Dies ist die erste uns überlieferte Forderung nach staatlicher Preisfestsetzung. Welche Kriterien hierbei anzuwenden sind, sagt PLATON aber nicht. Der „wirkliche Wert“ soll den Preis bestimmen. Aus dem Zusammenhang könnte geschlossen werden, daß dieser „wirkliche Wert“ von den Produktionskosten bestimmt wird.

Im ›Staat‹ erkennt PLATON die Notwendigkeit eines Tauschs der Güter an: jedes menschliche Wesen braucht zahlreiche Dinge, die er nur von anderen menschlichen Wesen bekommen kann. Es ist sinnvoll, daß jeder Mensch nur einen Beruf ausübt, da er meist nur für eine bestimmte Tätigkeit begabt ist. Dies bedeutet, daß jeder zum größten Teil für andere arbeitet, und daß andere für ihn arbeiten — sie tauschen die Produkte ihrer Arbeit gegeneinander.

Gemeinschaftliches Eigentum ist nur in den oberen Schichten möglich. Die Schichtung in Klassen ist das Ergebnis der Tatsache, daß die Menschen von Natur aus nicht gleich sind. Die Bedürfnisse des Körpers führen den Menschen dazu, die Privatsphäre auszudehnen — die Erziehung wirkt dem entgegen. Diese Erziehung bekommen aber nur die, die zum Herrschen bestimmt sind.

Aus der im ›Staat‹ geäußerten Auffassung, die führenden Schichten sollten kein Privateigentum haben (sogar die Frauen sollten allen gehören, die Kinder alle Männer als ihre Väter ansehen) ist geschlossen worden, PLATON habe kommunistische Gedanken verfochten. Bei der Diskussion dieser These kommt es darauf an, was unter „Kommunismus“ verstanden wird. Im marxistischen Verständnis war PLATON sicher kein Kommunist: Die herrschende Klasse sind die Philosophen und Krieger, die nicht aufgrund ökonomischer Macht, sondern infolge geistiger Überlegenheit diese führende Stellung erreichen. Reduziert man „Kommunismus“ auf die Negation von Privateigentum, dann ist die These allerdings zu bejahen.

PLATON vertritt in der ›Politeia‹ die Auffassung, das Regieren sei eine Sache für Experten, ähnlich wie die ärztliche Kunst. Im ›Politikos‹ betont PLATON, Staatskunst sei eine Wissenschaft; der Staatsmann dürfe daher nicht auf die Volksmeinung Rücksicht nehmen oder durch eine unverletzbare Verfassung eingeengt werden. Hoffnung auf eine ideale Regierung sei nur dann gegeben, wenn die Philosophen zu Herrschern werden oder die Herrscher zu Philosophen.

Die Frage der besten Verfassung eines Stadtstaates wird in den ›Gesetzen‹ diskutiert. PLATON rückt ab von den im ›Politikos‹ geäußerten extremen Positionen und erklärt, Extreme seien von Übel. Er entwirft das Bild einer Stadt von rund 5000 Einwohnern. Jede Familie hat als Existenzgrundlage zwei unveräußerliche Parzellen Land. Kommunismus — wie im ›Staat‹ — gibt es nicht; jedoch wird eine obere Grenze dessen festgelegt, was ein Bürger besitzen darf. Der Handel soll ausschließlich von Fremden betrieben werden. Oberste Autorität in der Stadt sind 37 „Wächter", deren Macht aber (entgegen der im ›Politikos‹ geäußerten Ansicht) durch die Gesetze begrenzt ist.

Die ›Gesetze‹ sind bemerkenswert wegen der Fülle von Bestimmungen, mit denen PLATON das Leben der Bürger in allen Einzelheiten regeln möchte. Durch diese Regelungen sollen die Bürger im Sinne der im ›Staate‹ dargelegten Ziele erzogen werden.

Im ›Politikos‹ wird klar, daß der vorgestellte ideale Staat nicht verwirklicht werden kann. So kann auch in einer unvollkommenen Welt, in der Mangel und Unordnung herrschen, gemeinschaftliches Eigentum (in dem Sinne, wie es im ›Staat‹ geschildert wird) nicht aufrechterhalten werden.

PLATON hat die mittelalterlichen, christlichen Schriftsteller beeindruckt und beeinflußt durch seine Verachtung des Handels und Gewerbes und durch seine Skepsis gegenüber der Freiheit des Individuums als Staatsbürger und als Subjekt des Wirtschaftslebens.

PLATONS Schriften sind mit einer Ausnahme (›Über das Gute‹) vollständig erhalten. Sie sind in der Form von Dialogen verfaßt (Ausnahme: ›Apologie‹ u. ›Kriton‹).

Die Werke PLATONS werden unterschieden in:

1. Jugendschriften. Sie kreisen um die sokratische Frage nach Wert und Wissen.

2. Schriften der Übergangszeit. Hier wird die Ideenlehre entwickelt.
3. Schriften der Reifezeit (nach der ersten Italienreise). Hierzu gehören u. a.:
   ›Phaidon‹ (Ideenwissen und Unsterblichkeit);
   ›Symposion‹ (Aufstieg zum höchsten Guten) und vor allem:
   ›Politeia‹ (Der Staat als Ort der Wahrheit und Gerechtigkeit).
4. Alterswerke (nach der zweiten Italienreise). Hierzu gehören vor allem:
   ›Nomoi‹ (Die Gesetze, Fortführung und Abänderung der im ›Staat‹ niedergelegten Gedanken).

Vom ökonomischen Standpunkt aus interessiert vor allem ›Der Staat‹, die erste große soziale Utopie, die nachhaltig auf das politische Denken bis ins 20. Jahrhundert eingewirkt hat.

Werke:

Platon. Sämtliche Werke. In der Übers. von Friedrich Schleiermacher (ab Bd. 5, Timaios, von Hieronymus Müller). Hrsg. von W. F. Otto, E. Grassi, G. Plamböck. 6 Bde. Hamburg 1957—60.
(Rowohlts Klassiker d. Literatur u. d. Wissenschaft.)

Der Staat. Übers. von Friedrich Schleiermacher, erl. von I. H. von Kirchmann. Leipzig 1907. (Philosophische Bibliothek.) Die darin entwickelten Gedanken werden in den ›Gesetzen‹ weitergeführt, daher müssen beide Schriften zusammen gelesen werden.

Platons Staatsschriften. Griechisch-deutsch. Übers. von W. Andreae. Teil I: Briefe, Teil II: Staat, Teil III: Der Staatsmann. In: Die Herdflamme. Hrsg. von O. Spann. Bde. 5, 6, 13. Jena 1923—26.

Der Staat. Über das Gerechte. Übers. und erl. von Otto Apelt. 9. durchges. Aufl., Hamburg 1973. (Philosophische Bibliothek Nr. 80.); Der Staat. Deutsch von August Horneffer. Eingel. von K. Hildebrandt. Stuttgart 1958.

Briefe. Griechisch-deutsch. Hrsg. von Willy Neumann, bearb. von Jula Kerschensteiner. München 1967.

Die Werke des Aufstiegs. Euthyphron—Apologie—Kriton—Gorgias—Menon. Übertr. von Rudolf Rufener. Eingel. von Olof Gigon. 2. Aufl., Zürich 1974. (Bibliothek der Alten Welt.)

Frühdialoge. Laches—Charmides—Lysis — Der größere Hippias — Der kleinere Hippias — Protagoras — Euthydemos — Ion — Menexenos. Eingel. von Olof Gigon. Übertr. von R. Rufener, Zürich u. Stuttgart 1960.

Spätdialoge. Eingel. von Olof Gigon. Übertr. von R. Rufener. Zürich u. Stuttgart 1965—69. (Bibliothek der Alten Welt.) Bd. 1: Theaitetos — Der Sophist — Der Staatsmann — Kratylos. Bd. 2: Philebos — Parmenides — Timaios — Kritias.

Darstellungen der Gedanken Platons zum Staat, insbesondere mit Bezug auf das Gemeineigentum:

F. Dümmler, Prolegomena zu Platons „Staat" und die Platonische und Aristotelische Staatslehre. Basel 1891.

F. Kleinwächter, Die Staatsromane. Ein Beitrag zur Lehre vom Communismus und Socialismus. Wien 1891. Nachdruck Amsterdam 1967.

G. Adler, Geschichte des Sozialismus und Kommunismus von Plato bis zur Gegenwart. Bd. I. Leipzig 1899.

E. Salin, Platon und die griechische Utopie. München 1921.

P. Junker, Die Weltanschauung des Marxismus und Platos Staatsidee. Greifswald 1925.

A. Deschamps, L'idée communiste chez Platon. In: Revue d'histoire économique et sociale 18 (1930).

K. Kautsky, Die Vorläufer des neueren Sozialismus. 2 Bde. Berlin 1947. 7. u. 8. Aufl., Bonn—Bad Godesberg 1974/75.

H. Görgemanns, Beiträge zur Interpretation von Platons Nomoi. München 1960.

Aristoteles (384—322 v. Chr.) ist wohl der griechische Denker, der auf das Abendland die größte Wirkung ausgeübt hat. Sein Vater war Leibarzt des Königs von Makedonien. Aristoteles selbst war Lehrer Alexanders d. Gr.

Aristoteles kam mit 17 Jahren an Platons Akademie und blieb dort bis zu Platons Tod. Später gründete er eine eigene Schule. Dort sammelte er Manuskripte und Karten — diese Sammlungen wurden die Vorläufer aller großen Bibliotheken des Altertums. Nach dem Tod Alexanders d. Gr. (323 v. Chr.) mußte Aristoteles aus Athen fliehen. Er starb 322 in Euböa.

ARISTOTELES schrieb zunächst Dialoge nach dem Vorbild PLATONS; später löste er sich vom Einfluß seines Lehrers. Seine auf exakte Beobachtung der Wirklichkeit gerichteten Interessen treten auch in den philosophischen Schriften deutlich hervor.

Unter wirtschaftstheoretischen Gesichtspunkten sind vor allem zwei Werke ARISTOTELES' von Bedeutung: die ›Politik‹ und die ›Nikomachische Ethik‹. In ihnen behandelt er wirtschaftliche Fragen unter ethischen Gesichtspunkten.

Im ersten Buch der ›Politik‹ beschäftigt sich ARISTOTELES vor allem mit dem Haushalt, d. h. mit den materiellen Bedingungen des Lebens der Gemeinschaft.

Die Kunst des Haushaltens findet in zwei Bereichen ihren Niederschlag: erstens in der Verwaltung des Haushaltes, d. h. dem rechten Gebrauch der materiellen Güter und der Lebewesen, einschließlich der Sklaven. Zweitens in der Kunst des Erwerbs; diese wird nicht *im* Haushalt ausgeübt, sondern sie versorgt den Haushalt mit Gütern von außen.

Auch in der Erwerbskunst werden zwei Formen unterschieden: einmal die natürlichen Mittel des Erwerbs von Gütern: Jagd, Viehzucht und Ackerbau. (Zur Jagd gehört auch der Raub.) Die zweite Form der Erwerbskunst besteht aus Tausch und Handel. Der einfache Tausch entspricht der Natur, z. B. Schuhe gegen Getreide. Der Handel dagegen bedient sich des Geldes. Damit wird der einfache Naturaltausch so kompliziert, daß er gegen die Natur verstoßen kann.

Das Geld dient dazu, den Tausch zu erleichtern, da die meisten Güter nur schwer transportiert werden können. Das Geld dient ferner als Wertmaßstab für andere Güter, es hat aber keinen Wert aus sich selbst. Erst mit dem Ausbau des Handelsverkehrs wird das Geld zu einem Wert an sich, und was ursprünglich ein Maßstab für Reichtum war, wird mit dem Reichtum selbst identifiziert.

Da das Wesen des Geldes darin liegt, Tauschmittel zu sein, sind Zinsgeschäfte widernatürlich. Sie ziehen unmittelbar aus dem Geld Gewinn; der Zins ist Geld vom Geld. Das Geld als tote Substanz ist aber unfruchtbar.

Dennoch sieht ARISTOTELES, daß die Erwerbskunst notwendig sein kann. In der Polis wird auch diese Fähigkeit gebraucht — sogar der Wucher kann eine unter Umständen nützliche Funktion haben.

Das Bestreben, Reichtum zu sammeln, entspricht auch der Natur: es entspringt dem Drang, das Leben zu erhalten, indem die notwendigen Güter aufgehäuft werden. Er ist nur eine Übertreibung der natürlichen Triebe — und als solche wird er von ARISTOTELES verurteilt.

Bei ARISTOTELES klingt die Lehre vom gerechten Preis (s. S. 62 ff.) schon an. „Gerecht" ist im Wirtschaftsleben das, was das Glück der Staatsgemeinschaft schafft und erhält. Aus diesem Begriff von Gerechtigkeit versucht ARISTOTELES zu bestimmen, was im Tauschverkehr als gerechtfertigt erscheint.

In Buch V der ›Nikomachischen Ethik‹ unterscheidet ARISTOTELES zwei Arten der Gerechtigkeit: erstens die austeilende (distributive) Gerechtigkeit; zweitens die ausgleichende (kommutative) Gerechtigkeit. Diese Unterscheidung wird später von THOMAS VON AQUINO wieder aufgegriffen (s. S. 67 ff.).

Die distributive Gerechtigkeit betrifft das Verteilen von Ehre und Vermögen, d. h. von jenen Gütern, die in einer Staatsgemeinschaft verteilbar sind. Jeder hat so viel zu erhalten, wie ihm zukommt.

Bei der kommutativen Gerechtigkeit wird ein Unterschied gemacht zwischen der freiwillig ausgleichenden Gerechtigkeit (z. B. Kauf, Nießbrauch) und der unfreiwillig ausgleichenden Gerechtigkeit (z. B. Diebstahl). Aus der freiwilligen kommutativen Gerechtigkeit werden die Begriffe „Gewinn" und „Verlust" abgeleitet: bekommt jemand mehr als ihm zusteht, so entsteht ein Gewinn, bekommt er weniger, so erleidet er einen Verlust. In der Mitte zwischen Gewinn und Verlust liegt das Gerechte.

Der wesentliche Unterschied zwischen distributiver und kommutativer Gerechtigkeit besteht darin, daß erstere auf qualitative Merkmale (Würde und Verdienst der Person) letztere auf quantitative Merkmale ausgerichtet ist.

Wieviel ARISTOTELES zur Lehre vom gerechten Preis beigetragen hat, ist umstritten. Jedenfalls gibt es in seinen Werken keine Anhaltspunkte für eine Bestimmung des Preises aufgrund konkreter Faktoren. Sicher hat er nicht an die Arbeit als Bestimmungsfaktor gedacht, da ja bei ihm — wie bei allen antiken Schriftstellern — die Handarbeit gering geschätzt wird und er als selbstverständlich annimmt, daß sie von Sklaven zu leisten ist. „Arbeit und Kosten" sind Bestimmungsgründe des Preises, die erst von den christlichen Schriftstellern aufgeführt werden (s. S. 50, 66 ff.).

Im zweiten Buch der ›Politik‹ setzt sich ARISTOTELES mit PLATON auseinander und stellt vor allem das Gemeineigentum in Frage. Er meint, daß das System der Einzelfamilie und des Privateigentums — wenn durch Moral und Gesetz gestützt — dem von PLATON skizzierten überlegen sei. Der fundamentale Einwand gegen PLATONS Gemeinschaft besteht darin, daß diese die Natur der politischen Einheit verkennt. Wenn die Einheit über eine bestimmte natürliche Grenze hinaus forciert wird, wird die Polis zur Familie — damit aber wird letztere zerstört. Die Familie braucht die Institution der Polis; diese braucht aber auch die Familie als Baustein.

Die Polis ist eine heterogene, nicht eine homogene Einheit. Sie wird nicht dadurch zur Einheit, daß die privaten Haushalte abgeschafft werden.

Die Polis braucht auch die Arbeitsteilung; durch gerechten Tausch zwischen den einzelnen Gewerben (z. B. dem Schuhmacher und dem Zimmermann) wird das Wohl aller Bewohner der Polis qualitativ verbessert.

Auch der Drang nach privatem Eigentum ist in der menschlichen Natur verwurzelt. Wenn der Eigennutz verdammenswert ist, so bedeutet das nicht, daß es verdammenswert sei, sich selbst zu lieben, sondern nur, daß ein Übermaß an Eigenliebe schädlich ist. Diese Auffassung wird auch in der ›Nikomachischen Ethik‹ betont.

In den Schriften des ARISTOTELES kann man drei Phasen unterscheiden:

1. Die Zeit, in der ARISTOTELES unter dem Einfluß PLATONS

stand. Die Schriften folgen nach Form und Inhalt dem Vorbild PLATONS.

2. Die Zeit nach dem Weggang des ARISTOTELES aus Athen. Die Schriften sind charakterisiert durch die Kritik an PLATON, insbesondere an der Ideenlehre.
3. Die Zeit des zweiten Aufenthaltes in Athen und der Gründung einer eigenen Schule. Die Schriften zeigen die Unabhängigkeit des ARISTOTELES gegenüber PLATON.

Werke:

Gesamtausgabe: (Klassiker des Altertums.) Stuttgart 1855—66. Werke in deutscher Übersetzung. Hrsg. von Hellmut Flashar. 20 Bde. Darmstadt 1956—62.

Die Lehrschriften. In ihrer Entstehung erl. u. übers. von Paul Gohlke. Paderborn 1948—61.

Grundlage für die späteren Überlegungen zum gerechten Preis und zum Zinsverbot wurde die ›Nikomachische Ethik‹, von der zahlreiche Übersetzungen vorliegen. Aus der großen Zahl seien genannt: Die Übersetzung von E. Rolfes, Leipzig 1943 (3. Aufl. Hamburg 1972), die Ausgabe aus der Reihe ›Bibliothek der Alten Welt‹, Zürich 1951, 1971; Nikomachische Ethik. Übers. u. komment. von F. Dirlmeier. 6. Aufl., Darmstadt 1974.

Die ›Politik‹ bringt Überlegungen zum Staatsleben und zur sozialen Ethik: Politik. Neu übers. mit einer Einleitung u. erklärenden Anmerkungen versehen von E. Rolfes. Leipzig 1943, Nachdruck Hamburg 1965; Politik. Eingel., übers. u. komment. von O. Gigon. 2. Aufl., Zürich 1971. (Bibliothek der Alten Welt.)

Ökonomie. (A. nur zugeschrieben.) Griech. u. deutsch. Mit krit. u. erklärenden Anm. von J. A. Hartung. Leipzig 1857; Aristote économique. Texte établi par B. A. van Groningen et André Wartelle. Traduit et annoté par André Wartelle. Paris 1968.

Zu den Gedanken des Aristoteles über das Geld:

J. Zmavc, Die Geldtheorie und ihre Stellung innerhalb der wirtschafts- und staatwissenschaftlichen Anschauungen des Aristoteles, in: Zeitschr. f. d. ges. Staatswiss. 58 (1902).

Die Auffassung, ARISTOTELES habe schon *Arbeit und Kosten als Bestimmungsfaktoren des gerechten Preises* angesehen, wird vertreten von:

J. Zmavc, Die Werttheorie bei Aristoteles und Thomas von Aquino. In: Archiv f. d. Gesch. d. Philosophie, 1899,

O. Kraus, Die aristotelische Werttheorie in ihren Beziehungen zu den Lehren der modernen Psychologenschule. In: Zeitschr. f. d. ges. Staatswiss. 61 (1905).

Gegen diese Auffassung:

L. Ruland, Die moraltheologische Lehre vom gerechten Kaufpreis. Würzburg 1923.

H. G. Schachtschabel, Der gerechte Preis. Geschichte einer wirtschaftsethischen Idee. Berlin 1939.

Die *Wertlehre* des ARISTOTELES wird in fast allen Werken erwähnt, die sich mit der Frage des gerechten Preises in der Scholastik beschäftigen (s. S. 62 ff.).

Zur *Staatslehre* des ARISTOTELES sind eine Fülle von Arbeiten erschienen. Hier kann nur eine Auswahl genannt werden, wobei besonders die älteren Werke berücksichtigt sind:

W. Oncken, Die Staatslehre des Aristoteles in historisch-politischen Umrissen. 2 Bde. Leipzig 1870—75.

K. Kinkel, Die sozialökonomischen Grundlagen der Staats- und Wirtschaftslehren des Aristoteles. Leipzig 1911.

Über den Gegensatz zwischen den Lehren PLATONS von *Staat und Gemeineigentum* und der Auffassung des ARISTOTELES:

A. Deschamps, Aristote dans sa critique de l'idée communiste platonicienne. In: Revue d'histoire économique et sociale 21 (1933).

Im Zusammenhang mit den Gedanken über den Staat sind die Auffassungen des ARISTOTELES von der *Arbeit* interessant. Hier zeigt sich nämlich, daß es falsch ist, griechische Philosophen im Sinne des Sozialismus „modernisieren" zu wollen:

B. Gübbels, Die Lehre des Aristoteles von den arbeitenden Klassen. Diss. Bonn 1927.

M. Halbwachs, Die Politik und die ökonomischen Verhältnisse nach Plato und Aristoteles. In: Archiv für die Geschichte des Sozialismus und der Arbeiterbewegung 13 (1928).

Im Zusammenhang mit den Fragen des Gemeineigentums wird auch das Problem des Eigentums an Boden diskutiert. Die grundlegende Arbeit über die *Bodenfrage* im Altertum ist:

A. Damaschke, Geschichte der Nationalökonomie. Eine erste Einführung. Bd. I. 13. Aufl., Jena 1922.

3. Weiterführende Literatur zu Kapitel I

Zur Wirtschafts- und Sozialgeschichte der Antike:

M. Rostovtzeff, Die hellenistische Welt. Gesellschaft und Wirtschaft. 3 Bde. Stuttgart 1955/56.

A. French, The Growth of the Athenian Economy. London 1964.

F. M. Heichelheim, An Ancient Economic History. 3 Bde. Leiden 1964.

J. Vogt u. N. Brockmeyer, Bibliographie zur antiken Sklaverei. Bochum 1971.

N. Brockmeyer, Sozialgeschichte der Antike. Ein Abriß. 2. Aufl., Stuttgart 1974. (Urban-Taschenbuch, Bd. 153.)

Zur Entstehung der Geldwirtschaft:

B. Laum, Heiliges Geld. Eine historische Untersuchung über den sakralen Ursprung des Geldes. Tübingen 1924.

W. Gerloff, Geld und Gesellschaft. Versuch einer gesellschaftlichen Theorie des Geldes. Frankfurt/M. 1952.

Zu Fragen der antiken Gesellschaft:

R. v. Pöhlmann, Geschichte der sozialen Frage und des Sozialismus in der Antiken Welt. 2 Bde. 3. Aufl., München 1925.

J. Hasebroek, Griechische Wirtschafts- und Gesellschaftsgeschichte bis zur Perserzeit. Tübingen 1931.

F. Wagner, Das Bild der frühen Ökonomik. Salzburg 1968. (Salzburger Sozialwiss. Studien.)

Gegen die Auffassungen Hasebroeks und Pöhlmanns:

O. Erb, Wirtschaft und Gesellschaft im Denken der hellenischen Antike. Berlin 1939.

Zu wirtschaftlich relevanten Gedankengängen oder ökonomisch-theoretischen Überlegungen antiker Schriftsteller:

W. Roscher, Ansichten der Volkswirtschaft aus dem geschichtlichen Standpunkte. 2 Bde. Leipzig u. Heidelberg 1861. 3. Aufl. 1878.

A. A. Trever, A History of Greek Economic Thought. Chicago 1915.

H. Wagenführ, Der Systemgedanke in der Nationalökonomie. Eine methodengeschichtliche Betrachtung. Jena 1933.

Zur Auffassung antiker Schriftsteller vom Staat:

L. Stein, Die staatswissenschaftliche Theorie der Griechen vor Plato und Aristoteles. In: Zeitschr. f. d. ges. Staatswiss. 1853.

G. Busolt, Griechische Staatskunde. 2 Bde. München 1920—26.
V. Ehrenberg, Der Staat der Griechen. Zürich u. Stuttgart 1965.
T. Tarkiainen, Die athenische Demokratie. Zürich u. Stuttgart 1966.

II. DIE RÖMISCHE ANTIKE

1. Der ökonomische Hintergrund

Rom hatte seit den Ursprüngen seinen wirtschaftlichen Schwerpunkt in der Landwirtschaft. Es hat nie den Charakter einer Handelsstadt angenommen; Handel und Gewerbe spielten immer eine untergeordnete Rolle, sowohl in ökonomischer wie in sozialer Hinsicht.

Nach dem Sturz der etruskischen Könige (um 500 v. Chr.) gewannen die Adelsfamilien die Macht im Staate. Sie hatten eine zahlreiche Gefolgschaft, die Klientel. Die Klienten waren persönlich frei, waren aber zur Unterstützung ihres Patronus verpflichtet und erhielten ihre gesellschaftliche Bedeutung erst durch den Anschluß an eine Adelsfamilie. Den Kern der Klientel bildeten abhängige Bauern.

Der Übergang vom ritterlichen Einzelkampf zur Hoplitentaktik führte — wie in Griechenland — zu einem stärkeren politischen Einfluß der Bürger aus den unteren Volksschichten, die die für den Kampf erforderliche Ausrüstung aufbringen konnten.

In der Landwirtschaft herrschte zunächst der Familienbetrieb vor. Dieser wurde von den Großbetrieben immer stärker zurückgedrängt. Die Ursachen hierfür liegen in der wirtschaftlichen Erschöpfung der Bauern durch die wachsenden Ansprüche, die die Kriege an ihre Leistungsfähigkeit stellten. Als die Kriegsführung auf die Eroberung weit entfernt liegender Gebiete ausgedehnt wurde, kehrte der Soldat manchmal jahrelang nicht in seine Heimat zurück. In dieser Zeit verschuldete sich die Familie. Die von den Soldaten mitgebrachte Beute reichte oft nicht aus, um die Schulden zu bezahlen. Fiel der Soldat im Kriege, mußte die Familie meist das Land verkaufen. Somit gingen immer mehr bäuerliche Betriebe im Großgrundbesitz auf.

Sueton sah in der Einrichtung der staatlichen Getreidespenden in Rom die Ursache des Niedergangs des Bauernstandes. Dies erscheint bestreitbar, da diese Entwicklung schon vor Beginn der Getreidespenden einsetzte. Außerdem minderten die Getreidespenden nicht die Rentabilität der kleinen bäuerlichen Betriebe, da diese Getreide nur für den Eigenbedarf produzierten.

Vielmehr veränderte sich im 4. Jahrhundert v. Chr. die Struktur der Landwirtschaft. Die größeren Betriebe konzentrierten sich auf absatzorientierte Produkte (Wein und Oliven) und erzielten dabei hohe Gewinne, die autarke Hauswirtschaft ging zurück. Mit der Spezialisierung waren Rationalisierungsinvestitionen verbunden, die nur kapitalkräftige Betriebe aufbringen konnten. Die kleinen Bauern versuchten, das Beispiel der großen nachzuahmen und verschuldeten sich und ihre Betriebe.

Im 3. Jahrhundert v. Chr. wurde die römische Republik eindeutig zum Ständestaat: Die Nobilität war die angesehenste Gruppe innerhalb des Senatorenstandes; weite Teile der Bevölkerung waren diesen Familien durch ein Klientelverhältnis verbunden. Die Senatoren sollten sich nur in der Landwirtschaft betätigen, die Beteiligung an Handelsunternehmen war ihnen verboten.

Unter den Senatoren standen die Ritter; diese wurden zur wirtschaftlichen Führungsschicht. Sie beherrschten die Steuerpacht, führten die staatlichen Bauvorhaben durch, belieferten das Heer. Aus diesem Stand stammten später die Unternehmer, die Handelsgesellschaften und Manufakturen betrieben.

In den unteren Schichten nahm die bäuerliche Bevölkerung den ersten Rang ein; Landbesitz galt als die vornehmste Besitzform, und die Bauern bildeten den Kern des Heeres.

Der römische Handel war zuerst italischer Binnenhandel, nur an der Westküste wurde Seehandel getrieben. Die Entwicklung des städtischen Lebens führte zur Entstehung von Gewerbebetrieben, die ausländische Produkte — aus dem Orient — nachahmten.

Erst während der Punischen Kriege bekam Rom Anschluß an die Entwicklung von Handel und Handwerk in der griechischen

Welt. Im 2. Jahrhundert v. Chr. gewannen die Fernhändler (mercatores) an Bedeutung, im 1. Jahrhundert traten die „negotiatores“ auf, Großunternehmer, die u. a. Darlehns- und Spekulationsgeschäfte betrieben. Die Händler waren meist Fremde, vor allem Griechen. Im Kleinhandel betätigten sich oft Freigelassene.

Unterhalb der Schicht der Händler standen die proletarii, die wegen ihrer Armut keinen politischen Einfluß besaßen. Sie arbeiteten als Tagelöhner, die zwar rechtlich frei, ökonomisch aber weniger gesichert waren als die Sklaven. Ihre Zahl nahm ständig zu, vor allem durch den Zustrom verarmter Bauern.

Die Zahl der Sklaven erhöhte sich nach den vielen erfolgreichen Kriegen. Zur Zeit des AUGUSTUS bestand schon ein Drittel der Bevölkerung Roms aus Sklaven.

Noch im ersten Jahrhundert v. Chr. und in der frühen Kaiserzeit galt die Landwirtschaft nicht nur als die vornehmste Erwerbsform, sondern auch als äußerst rentabel. Für CATO D. Ä. war landwirtschaftlicher Grundbesitz die beste Kapitalanlage. Die Rentabilität war vor allem in den mittelgroßen absatzorientierten Betrieben sehr hoch. Die Kosten wurden überwiegend durch rationalen Einsatz der Arbeitskräfte gesenkt (s. die Erörterung der relativen Vor- und Nachteile der Arbeit von Sklaven und Tagelöhnern S. 30 ff.).

Die Ausbreitung der rational und rentabel arbeitenden Großbetriebe führte zu sozialen Konflikten. Bestrebungen, die Agrarstruktur zugunsten der Bauern zu verändern, fanden am Ende des 2. Jahrhunderts v. Chr. ihren Höhepunkt in den Reformbemühungen der GRACCHEN, die aber keine nachhaltigen Erfolge hatten. Da die Krise des Bauerntums zu einer Krise des Heeres führte, zog MARIUS die Konsequenzen aus dem Scheitern der GRACCHEN und stellte das Heer auf eine neue Grundlage: Nunmehr kamen die Soldaten aus der Schicht der proletarii — damit war praktisch ein Berufsheer geschaffen. Um die Soldaten nach dem Ende ihrer Dienstzeit zu versorgen, wurden Veteranen-Kolonien gegründet.

Diese Regelung stärkte die Macht der Feldherren. Sie allein waren in der Lage, die Altersversorgung der Soldaten durchzusetzen. So entstand zwischen Feldherr und Soldat eine neue Form der Klientel. Um die Zahl der proletarii in Rom zu verringern (von mehr als 300 000 Almosenempfängern auf rund 150 000), wurden z. B. von Cäsar nach dem Sieg über Pompeius verstärkt Kolonien gegründet.

In der frühen Kaiserzeit führte der dauerhafte Friede zu einem Aufschwung des Handels, da die See- und Landtransporte sicher waren. An den Handelsstraßen, an Flüssen und guten Häfen blühten die Städte. Dieser Aufschwung endete schon im 2. Jahrhundert n. Chr., als das Handelsvolumen zu schrumpfen begann.

Die Manufakturen erlebten im ersten Jahrhundert n. Chr. eine Blütezeit, als sie in Rom und in den Provinzen einen breiten Absatzmarkt hatten. Im 2. Jahrhundert verlagerte sich die gewerbliche Tätigkeit von Rom in die Provinzen. Im 3. Jahrhundert ging die Bedeutung dieses Wirtschaftszweiges zurück, während die handwerkliche Eigenproduktion auf den landwirtschaftlichen Großbetrieben zunahm.

Im 3. Jahrhundert setzte der Verfall der römischen Wirtschaft ein, und zwar vor allem infolge der allzu großen Ansprüche des Staates. Durch den Ausbau der Verwaltung und die steigende Macht des Heeres wuchs die Steuerlast; dieser Druck lähmte die ökonomische Initiative.

Drückend für die ländliche Bevölkerung wurde das System der Requisitionen und Konfiskationen für das Heer. Soldaten und durchreisende Beamte verlangten Lebensmittel, Quartier, Zugtiere und Dienstleistungen aller Art. Dies führte dazu, daß zahlreiche Bauern vor den Belastungen flohen, die Arbeit in der Landwirtschaft aufgaben und in die Städte zogen. Die Verödung des Landes in Italien wurde zu einem schwerwiegenden Problem. Versuche, das Land wieder zu besiedeln, scheiterten. Großgrundbesitzer okkupierten die verlassenen Ländereien. Die verbliebenen Bauern wurden zwangsweise an das Land gebunden. Die Großgrundbesitzer erreichten, daß sie in ihrem Einflußbereich die Macht über die Bauern bekamen — so waren die Bauern an die Scholle gefesselt.

Münzverschlechterungen führten zu einer Inflation. Die Preissteigerungen gefährdeten den Lebensstandard und die Ausrüstung der Soldaten. In weiten Teilen des Reiches wurde das Geld durch Naturalaustausch verdrängt.

2. Die Schriftsteller der Zeit und ihr Beitrag zu ökonomisch relevanten Fragen

Im antiken Rom finden sich wenige Zeugnisse ökonomischen Denkens. Die wichtigste Quelle ist das römische Recht, das die Anschauungen der Zeit auch in Bezug auf wirtschaftliche Vorgänge widerspiegelt. In den meisten Fragen, insbesondere der Ethik, wurde griechisches Gedankengut übernommen.

Es galt zumeist als unwürdig, sich mit wirtschaftlichen Dingen zu befassen. Deshalb bestehen die von römischen Autoren erhaltenen Äußerungen zu wirtschaftlichen Fragen zum größten Teil in der moralisierenden Verurteilung von Luxus und dem Streben nach Reichtum. Die Abwertung von Handel, Gewerbe und Erwerbsstreben wird von den Griechen übernommen.

Die wichtigsten römischen Beiträge zu Wirtschaftsfragen sind die Schriften über die Landwirtschaft. Sie sind aber „betriebswirtschaftlich" und nicht „volkswirtschaftlich" orientiert.

Cato der Ältere (234—149 v. Chr.) stammte aus einer bäuerlichen Familie. Er bereiste Sizilien und Sardinien und kämpfte im zweiten Punischen Krieg. Seine bekannten Angriffe gegen Karthago dürften nicht nur moralischer Empörung entsprungen sein, sondern auch der Erkenntnis, daß das erstarkende Karthago den römischen Handel zu beeinträchtigen drohte.

Sein wichtigstes Werk ›De agricultura‹ (um 160 v. Chr. geschrieben) beschäftigt sich mit der Landwirtschaft in Latium und Campanien. Es enthält Anweisungen für den Anbau von Wein und Obst. Hier wie in seinen anderen Schriften betont er die Vorteile des Landlebens. Seine an sich ganz konkreten Anweisungen sind aber durchsetzt mit Hinweisen auf alte Bräuche und abergläubische Praktiken.

Im Vorwort erwähnt CATO, er wäre lieber Kaufmann geworden; diese Tätigkeit aber sei unehrenhaft, und so habe er sich der Landwirtschaft zugewendet, die schon von den Vorfahren hoch geschätzt war. Die Landwirtschaft erfreue sich aber nicht nur sozialer Anerkennung, sondern sei — zweckmäßig betrieben — eine sichere und ergiebige Erwerbsquelle. Zur Hebung der Rentabilität empfiehlt CATO, die Produktion auf die jeweils günstigsten Absatzmöglichkeiten auszurichten. Daneben müßten die Produktionskosten gesenkt werden. Die Zahl der ständig beschäftigten Arbeiter (Tagelöhner oder Sklaven) solle demnach möglichst niedrig gehalten werden. Die Arbeit ist nach CATO so zu verteilen, daß die Arbeiter im Laufe des Jahres dauernd ausgelastet sind. Auch an Feiertagen und bei schlechtem Wetter dürfe es keinen Müßiggang geben.

Wie nach ihm VARRO, erörtert CATO die Vor- und Nachteile des Einsatzes von Tagelöhnern oder Sklaven. Da zu seiner Zeit Sklaven billig waren, kommt er zu dem Schluß, es sei vorteilhaft, die Sklaven hart arbeiten zu lassen; denn Verluste seien leicht zu ersetzen. Tagelöhner sollten dagegen nur zu Saisonarbeiten herangezogen werden. CATO empfiehlt, die Saisonarbeiten oder spezielle andere Arbeiten (z. B. Hausbau) durch Unternehmer ausführen zu lassen, die Arbeiterkolonnen beschäftigen.

VARRO beurteilt den Einsatz von Tagelöhnern als wirtschaftlicher. Die unterschiedliche Auffassung erklärt sich wohl daraus, daß es zur Zeit des CATO mehr Sklaven als Tagelöhner gab, während sich die Lage hundert Jahre später infolge der Abwanderung der Bauern zugunsten der freien Arbeiter verändert hatte.

Werke:

De agricultura. Lat.-engl. Übers. v. W. Davis Hooper. London 1967. (Darin ebenfalls abgedruckt: Varro ›De re rustica‹.)

Kommentare:

K. W. Nitzsch, Über Catos Buch vom Landbau. In: Zeitschr. f. Altertumswiss. 1875.

J. Hörle, Catos Hausbücher. Analyse seiner Schrift De Agricultura nebst Wiederherstellung seines Kelterhauses und Gutshofes. Paderborn 1929. (Studien zur Geschichte und Kultur des Altertums, Bd. 15, H. 3/4.)

Darstellung der ökonomisch relevanten Gedanken Catos finden sich nur im Zusammenhang mit der Landwirtschaft:

E. Hauler, Zu Catos Schrift über das Landwesen. Wien 1896.

E. Bréhaut, Cato, the Censor on Farming. London 1933.

Über Cato berichten verschiedene römische Schriftsteller, so CICERO, ›De Senectute‹, NEPOS, ›Cato‹, PLUTARCH ›Cato Maior‹. Dazu ferner: NEPOS, Cornelius: Vies d'Hannibal, de Caton et d'Atticus. Edition, introduction et commentaire de Michel Ruch. Paris 1968.

VARRO (Marcus Terentius, 116—27 v. Chr.) hatte in Athen studiert. In seinem Werk ›Rerum rusticarum libri III‹ (um 37 v. Chr. entstanden) beschreibt er die Landwirtschaft im allgemeinen, dann im einzelnen die Zucht von Schafen und Rindern und die Haltung von kleinen Tieren wie Vögeln, Fischen, Bienen. Er versucht, beim Leser Interesse für das Landleben zu wecken und dessen ökonomische Vorteile darzulegen. Hierbei bietet er Ansätze zu einer Theorie der landwirtschaftlichen Standorte.

VARRO beschäftigt sich auch mit der Frage: Tagelöhner oder Sklaven? Er rät, in ungesunden Gegenden Tagelöhner statt Sklaven zu beschäftigen. Der Tod des teuer eingekauften Sklaven sei ein Verlust für seinen Herrn, während beim Tod des Tagelöhners dem Gutsherrn kein ökonomischer Schaden entstehe. VARROS Bildung und sein umfassendes Schrifttum machten seine Werke zu einer Fundgrube für spätere Autoren, sowohl der römischen Zeit als auch der des Mittelalters.

Werke:

Rerum rusticarum libri 3. Hrsg. von G. Goetz. 2. Aufl., Leipzig 1929. 1. Buch: Allgemeines über den Landbau; 2. Buch: Rinder- u. Schafzucht; 3. Buch: Kleine Tiere (Vögel, Fische, Bienen); lateinische Ausgabe in: Scriptores rei rusticae. Leipzig 1794; mit Kommentar von H. Keil: Commentarius in Varronis rerum rusticarum libros tres. Leipzig 1891.

Über Varro:

VARRO wird meist zusammen mit den anderen sogenannten „Landbau-Schriftsteller" (CATO, COLUMELLA, PLINIUS d. Ä., VERGIL) erwähnt.

H. Wiskemann, Die antike Landwirtschaft und das von Thünen'sche Gesetz. Aus den alten Schriftstellern dargelegt. Leipzig 1859.

W. Roscher, Nationalökonomik des Ackerbaus und der verwandten Urproduktionen. 14. Aufl., Stuttgart 1912.

Columella (Lucius Junius Moderatus) war ein Zeitgenosse und Landsmann des Seneca; er stammte aus Spanien, wohl aus einer bäuerlichen Familie. Er verfaßte 12 Bücher über die Landwirtschaft ›De re rustica‹ (um 60 v. Chr.) sowie ein Buch über Baumkulturen ›De arboribus‹, wohl vor dem erstgenannten. Columella schreibt als praktischer Landwirt, der den Niedergang der römischen Landwirtschaft aufhalten möchte. Deshalb fordert er die Großgrundbesitzer auf, sich in harter Arbeit um ihren Besitz zu kümmern. In seinen Schriften verarbeitet und zitiert er Werke seiner Vorgänger — hierdurch ist er zu einer wichtigen Quelle geworden.

Werk:

Columella ist bekannt geworden durch sein Werk ›De re rustica‹, das die Kenntnisse seiner Zeit (1. Jahrhundert v. Chr.) im Landbau zusammenfassend darstellt. Lateinische Ausgabe: De Columella vita et scriptis. Hrsg. von V. Barbaret. Oxford 1887; Auszüge in: Scriptores rei rusticae. Leipzig 1794.

Über Columella:

W. Roscher (Nationalökonomik des Ackerbaus) vertritt die Ansicht, im Werk Columellas fänden sich schon die Keime der Thünen'schen Gesetze. Da auch von Varro behauptet worden ist, seine Schriften enthielten im Keime die Thünen'schen Gesetze, vgl. zu den Darstellungen der *ökonomisch relevanten Gedanken* Columellas die zu Varro angegebene Literatur, ferner:

G. Carl, Die Agrarlehre Columellas in soziologischer Betrachtung. Diss. Heidelberg 1925.

N. Brockmeyer, Arbeitsorganisation und ökonomisches Denken in der Gutswirtschaft des römischen Reiches. Diss. Bochum 1968.

Cicero (106—43 v. Chr.) wirkte zunächst als Anwalt. Sein Werk ›De finibus bonorum et malorum‹ weist ihn als Moralisten aus, der die extremen Positionen der Epikuräer und der Stoiker zu meiden sucht. Er zeigt sich hier wie in anderen Werken als genialer Adaptor griechischer Philosophie. Er war der erste bedeutende Prosaautor, der römischen Lesern Philosophie nahebrachte; hierbei schuf er eine philosophische Terminologie in lateinischer Sprache.

Werke:

Sämtliche Reden (Orationes). Eingel., übers. u. erl. von M. Fuhrmann. 7 Bde. geplant, bisher erschienen: Bd. 1—4. Zürich u. Stuttgart 1970/71.

Vom Gemeinwesen. De re publica libri. Eingel. u. neu übertr. von K. Büchner. 3. Aufl., Zürich 1973.

De officiis. Erl. u. übers. von K. Atzert. Limburg/Lahn 1951.

M. Tulli Ciceronis Epistularum ad familiares libri XVI. Lat. u. deutsch: Marcus Tullius Cicero an seine Freunde. Hrsg. von Helmut Kasten. München 1964.

Marcus Tullius Cicero. Mensch und Politiker. Auswahl aus seinen Briefen. Übertr. u. hrsg. von W. Ax. Stuttgart 1953.

Über Ciceros Wirkung in der römischen Geschichte gehen die Meinungen auseinander. Eine ausführliche Darstellung der verschiedenen Standpunkte gibt: T. Zielinski, Cicero im Wandel der Jahrhunderte. 4. durchges. Aufl., Leipzig 1929.

Über Cicero und den römischen Staat:

H. Eulenberg, Cicero. Der Rechtsanwalt, Redner, Denker und Staatsmann. Berlin 1932.

Sallust (Gaius Sallustius Crispus, 86—34 v. Chr.) stammte aus einer Plebejerfamilie. Er wurde Quästor in Rom, später Prätor in Afrika und Prokonsul in Numidien. Bei seiner Rückkehr nach Rom wurde er beschuldigt, die Provinz ausgeplündert zu haben, aber er kam nicht vor Gericht. Fest steht, daß er ein großes Besitztum erwerben konnte, in dem er die berühmt gewordenen Gärten (Horti Sallustiani) anlegte.

Sallust ist als Geschichtsschreiber hervorgetreten, wenn auch seine Beschreibung der Verschwörung des Catilina zahlreiche

Ungenauigkeiten enthält. Wichtig ist, daß er die sozialkritischen Auffassungen seiner Zeit darlegt.

Werke:

Bellum Catilinae (43 v. Chr.): SALLUST gibt hier, nach einer langen philosophischen Einleitung, einen Bericht über die Verschwörung des CATILINA. Dieser Bericht ist zwar historisch nicht exakt, entwirft aber ein aufschlußreiches Bild des ökonomischen und politischen Hintergrundes und der handelnden Personen. SALLUST weist vor allem ausführlich darauf hin, daß die Verschwörung ökonomische Gründe hatte.

Bellum Jugurthinum (41 v. Chr.) ist ein Bericht über den Krieg in Numidien mit einer Lebensbeschreibung des Königs. Der Bericht ist wertvoll als Darstellung der Verhältnisse in Afrika, die SALLUST aus eigener Anschauung kannte, sowie wegen der Fülle der verarbeiteten Quellen, auch Übersetzungen aus dem Punischen.

Beide Werke in: Bellum Catilinae. Bellum Jugurthinum. Für d. Schulgebrauch erklärt v. Th. Opitz. 2. Aufl., Leipzig 1929 u. 1930.

Die Verschwörung des Catilina. (Auszug.) Übers. u. erl. v. E. Schröfel. Limburg 1950.

Der Krieg mit Jugurtha. Übers. v. G. Dorminger. Limburg 1953.

Historiae, entstanden um etwa 39 v. Chr. (5 Bücher), ist nur in Fragmenten erhalten: Sallustius Crispus historiarum reliquiae. Ed. Bertoldus Maurenbrecher. 2 Bde. Leipzig 1891—93.

Neben diesen gibt es noch eine Reihe von Werken, deren Authentizität bestritten ist, so insbesondere eine Kontroverse mit CICERO: ›Invectiva ad Ciceronem‹. ›In Ciceronem et invicem invectivae‹. Recensuit Alphonsus Kurfess. Leipzig 1914.

Vollständig lat.-franz. Ausgabe aller erhaltenen, auch fragmentarischen Werke, einschließlich der umstrittenen: Hrsg. von A. Ernout. Paris 1947.

Werke und Schriften einschließlich der Reden und Briefe aus den Historien, der politischen Briefe an Cäsar sowie der beiden Invektiven. Lateinisch-deutsch. Hrsg. von W. Eisenhut und W. Schöne. 5. Aufl., München 1975.

Über die hier interessierenden ökonomischen und sozialen Aspekte im Werk SALLUSTS:

H. Contzen, Geschichte der socialen Frage von den ältesten Zeiten bis zur Gegenwart. Berlin 1877.

W. Schur, Sallust als Historiker. Stuttgart 1934.

Plinius der Ältere (23—79 n. Chr.) stammte aus einer Offiziersfamilie und diente als Kavallerieoffizier in Gallien, Germanien, Spanien und Afrika. In seinem Werk ›Naturalis historia‹ schreibt er u. a. über Zoologie, Botanik, Mineralogie und Metallverarbeitung. Seine Arbeiten lassen eine enzyklopädische Kenntnis aller von ihm beschriebenen Materien erkennen.

Durch seine ›Naturgeschichte‹ gehört Plinius d. Ä. zu den sog. „Landbauschriftstellern". Dieses Werk ist Titus gewidmet. Neben einer ausführlichen Darlegung der Quellen, aus denen der Verfasser schöpft, enthält es 37 Bücher u. a. über: Das Universum, Geographie, Ethnologie, Anthropologie, Physiologie, Zoologie, Botanik, Pharmakologie und Mineralogie. Diese Themen werden mit ungewöhnlichem Fleiß behandelt und zeigen den Stand des Wissens in der römischen und hellenistischen Welt. Allerdings werden diese enzyklopädisch zusammengetragenen Kenntnisse nicht systematisiert, so daß Wesentliches und Unwesentliches durcheinander geht.

Werke:

Naturgeschichte. Übers. von Ch. Friedr. Lebrecht Strack. Überarb. u. hrsg. von M. E. D. Lebrecht Strack. 3 Bde. Darmstadt 1968. Reprogr. Nachdr. der Ausgabe 1853—55. Deutsche Ausgabe der für die Landwirtschaft relevanten Teile in: Cato, Varro, Columella und Plinius im Auszug f. Schulen. Marburg 1878.

Vgl. ferner die zu Varro und Columella angegebene Literatur.

Kritik an Plinius' ›Naturgeschichte‹:

F. Münzer, Beiträge zur Quellenkritik der Naturgeschichte des Plinius. Berlin 1897.

Plinius der Jüngere (61—114 n. Chr.) war ein Neffe Plinius des Älteren. Er bekleidete in Rom eine Reihe hoher Ämter, vor allem in der Finanzverwaltung. Aufgrund der dort gewonnenen Erfahrungen wurde er von Trajan mit Spezialvollmachten nach Bithynien gesandt, um die Finanzen zu ordnen. Aus dieser Zeit ist seine Korrespondenz mit Trajan erhalten, die wichtige Aufschlüsse über die Verwaltungspraxis, besonders in der römischen Finanzverwaltung gibt.

Werke:

Lobrede auf den Kaiser Trajan. Aus d. Latein. übers. u. mit einer Einl. u. erklär. Anm. begleitet von J. Hoffa. Marburg 1837.

Briefe. Lat. u. deutsch. Hrsg. von H. Kasten. München 1968.

Sämtliche Briefe. Eingel., übers. u. erl. von A. Lambert. Zürich u. Stuttgart 1969. (Die Bibliothek der Alten Welt.)

PLINIUS' Briefwechsel mit TRAJAN ist sein interessantestes Werk. Darüber hinaus macht er bemerkenswerte Ausführungen zur Frage der Getreideversorgung Roms. Siehe dazu: Th. MOMMSEN, Römische Geschichte. Bd. V. Berlin 1885.

VERGIL (Publius Vergilius Maro, 70—19 v. Chr.) stammte aus Norditalien, sein Vater war durch Landwirtschaft, insbesondere Bienenzucht, reich geworden. Sein unter ökonomischem Aspekt wichtigstes Werk ist die ›Georgica‹, eine Dichtung in 4 Büchern, von denen das erste den Anbau von Getreide, das zweite den Weinbau, das dritte die Tierzucht, besonders die Pferdezucht, und das vierte die Imkerei behandeln. In diesem Werk soll er dem Vorbild HESIODS gefolgt sein. Vor allem in den Anweisungen für das Pflügen und die Beschreibung der für Feldarbeiten besonders geeigneten Monatstage lehnt es sich an HESIODS ›Werke und Tage‹ an. Schon der Versuch, eine Dichtung über den Landbau zu verfassen mit dem didaktischen Ziel, den Wert harter Arbeit hervorzuheben, zeigt den Einfluß des griechischen Vorbildes. Ferner konnte darin der Einfluß ägyptischer Schriftsteller nachgewiesen werden; so insbesondere bei den Ausführungen über die Wettervorhersage. Auch die Verbindung zu CATO und VARRO ist deutlich erkennbar.

In der Sekundärliteratur ist viel darüber diskutiert worden, ob und inwieweit es die Absicht dieser Dichtung ist, praktische Anweisungen für Landwirte zu geben, und inwieweit VERGIL aus der Erfahrung im väterlichen Betrieb oder aus der Literatur schöpfte. Diese Kontroverse kann wohl kaum zu eindeutigen Ergebnissen führen. Festzuhalten bleibt, daß die ›Georgica‹ eine literarisch voll ausgereifte Dichtung ist, die das für VERGIL charakteristische Pathos zeigt. Natur, Pflanzen und Tiere sind exakt und mit großem Einfühlungsvermögen beobachtet und beschrieben. VERGILS Wirkung reichte sicher bis ins hohe Mittelalter (Dante nennt ihn als Führer auf seiner Wanderung) und in die Renaissance.

Werke:

Georgica. Dichtung in vier Büchern, geschrieben 36—29 v. Chr. Buch I: Getreidebau, Buch II: Obstbau, Buch III: Viehzucht, Buch IV: Bienenzucht.

Landleben. Bucolica, Georgica, Catalepton und Vergil-Viten. Lat.-deutsch. Hrsg. von J. Götte, M. Götte und K. Bayer. München 1971.

Über Vergil:

Da auch VERGIL zu den „Landbauschriftstellern" gezählt wird, siehe S. 31 ff.

3. Das römische Recht

Im Recht spiegelt sich ein bedeutsamer Teil des Lebens und seiner Probleme wieder. Aus der Entwicklung von Gesetzgebung und Rechtsprechung könnte auch — sehr vorsichtig — auf die Wirkung ethischer Forderungen der Schriftsteller geschlossen werden.

Die steigende Bedeutung des Staates, seine sich ändernde ökonomische und soziale Struktur sowie der Einfluß der griechischen Philosophie und Kultur wirkten sich aus auf die Ausbildung der Rechtsdogmatik, der Institutionen und der Rechtsprechung.

So können drei Hauptperioden des römischen Rechts unterschieden werden: 1. von den Zwölftafelgesetzen bis zum Ende der Republik; 2. von Augustus bis Diokletian (in dieser Periode erreichte das römische Recht seinen Höhepunkt); 3. die spätere Kaiserzeit (unter Justinian wurden die Gesetzesbestimmungen kodifiziert und vereinheitlicht).

Das charakteristische Merkmal des ältesten römischen Rechts war sein strenger Formalismus. Bei Verträgen und im Prozeß war nur das rechtlich relevant, was den strengen Formvorschriften entsprach. Bei Einhaltung der Form genügte das gesprochene Wort.

Mit der Ausbreitung des römischen Reiches und infolge der

Handelsbeziehungen zu fremden Völkern mußten die strengen Formvorschriften gelockert werden. Der Wille der Parteien wurde bald in der Praxis wichtiger als die Form. Im Handelsverkehr gewannen formlose Verträge immer größere Bedeutung. Für Streitigkeiten mit Fremden wurden besondere Gerichte geschaffen. Aus der frühen Kaiserzeit ist ein reiches Schrifttum überliefert, in welchem die Juristen theoretische Erörterungen mit der Darstellung praktischer Fälle untermauern. Dabei spielen auch ethische Fragen eine immer größere Rolle — wohl unter dem Einfluß der griechischen Philosophie.

Durch die Eroberung von Provinzen, denen die Römer zugestanden, ihr Rechtsleben nach ihren überkommenen Normen auszurichten, ergaben sich Komplikationen. Unterschiede zwischen den verschiedenen Rechtssystemen führten zu Streitigkeiten, die vom Kaiser geschlichtet werden mußten.

Diokletian versuchte, die Eigenständigkeit der Provinzen zurückzudrängen und dem alten römischen Zivilrecht breitere Geltung zu verschaffen. Seine Nachfolger hinwiederum tendierten mehr dazu, zugunsten der gewachsenen Bräuche zu entscheiden.

Für die wirtschaftliche Entwicklung (besonders den Handel) war insbesondere das internationale Recht bedeutsam. Seine Ausgestaltung zeigt jeweils den Stand der wirtschaftlichen Verflechtung in der Welt an. Dieses Recht ist meist Gewohnheitsrecht und hat oft eine religiöse Wurzel. Die Unterwerfung Italiens unter die Herrschaft Roms basierte oft auf Verträgen: Friedensverträgen, Beistandsverträgen, Freundschaftsverträgen.

Auch internationales Privatrecht kennen wir aus der Antike. Ursprünglich hatte der Fremde in Rom keine Rechte; dagegen waren die Gesetze der Gastfreundschaft sehr streng. Hieraus entwickelte sich das Fremdenrecht. Auf der Grundlage von Handelsverträgen zwischen den Staaten wurden die Fremden auch durch die Gerichte geschützt.

Im römischen Recht finden sich auch Bestimmungen über den gerechten Preis. Allerdings werden zunächst der tatsächlich gezahlte Preis und der Wert eines Gutes nicht auseinandergehalten:

für beide Begriffe wird das Wort „pretium" gebraucht. Die Absicht, zu verhindern, daß eine Partei beim Kauf übervorteilt wird, bestimmte die ersten Regeln über die Preisbildung. In der ›lex Plaetoria‹ (etwa 186 v. Chr.) wird zunächst der unerfahrene Minderjährige geschützt. Dieser Grundsatz wurde um 66 v. Chr. ausgebaut. Der Richter konnte nun auch bei Volljährigen eingreifen, wenn ein Mißverhältnis zwischen Leistung und Gegenleistung durch unlautere Mittel herbeigeführt worden war. Dabei ging man von der Überlegung aus, daß sich der Wert eines Gutes nach seiner Brauchbarkeit richtet. Luxusgüter waren davon ausgenommen.

In der klassischen Zeit des römischen Rechtes (2. Jahrhundert n. Chr.) wird dann unterschieden zwischen iustum pretium und verum pretium. Verum pretium (auch certum pretium) ist ein subjektiver Begriff; iustum pretium dagegen ist im objektiven Sinn faßbar. Der tatsächliche oder bestimmte Preis wird im einzelnen Tauschakt geschaffen, er ist der Preis, der wirklich gezahlt worden ist. Unter iustum pretium dagegen ist der Preis zu verstehen, der dem Wert des Tauschobjektes entspricht.

In dieser Unterscheidung spiegeln sich zwei gegensätzliche Strömungen im römischen Rechtsdenken: einmal der in der frühen Zeit der Republik dominierende Grundsatz, daß sich der Preis nach dem freien Ermessen der Parteien bilden soll und daß das Gesetz hier nicht eingreifen darf. Zum anderen zeigen sich die ersten Auswirkungen des Eindringens ethischer Überlegungen in das Recht, so daß dem Gesetzgeber und dem Richter ein Eingreifen in die Preisfestsetzung der Tauschpartner möglich, ja sogar geboten wird.

In der nachklassischen Zeit des römischen Rechtes (Gesetzgebung des Kaisers Diokletian, 284—305 n. Chr.) bahnt sich eine grundlegende Wende an: gegenüber dem bis dahin dominierenden Individualismus wird die Bedeutung der Gemeinschaft (des Staates) hervorgehoben. Im ökonomischen Bereich findet dieser Wandel Ausdruck in der Diokletianischen Taxordnung.

Die Diokletianische Taxordnung (301 n. Chr.) setzte einen Preis- und Lohnstopp in Kraft. Für eine Fülle von Waren und

Dienstleistungen wurden Maximalpreise festgelegt. Auf das Überschreiten dieser Grenzen stand die Todesstrafe, ein Unterschreiten war gestattet. Bei der Festsetzung des Preises wurden die Kosten und ein als „angemessen" geltender Gewinn berücksichtigt.

In diesem Edikt wurde die für das römische Recht neue Forderung aufgestellt, das Wohl der Allgemeinheit müsse dem Privatinteresse vorgehen. Das Edikt sollte eine weitere Geldentwertung verhindern und vor allem die Lage der Soldaten als Konsumenten verbessern.

Auch für die Löhne wurde ein Maximaltarif festgelegt. Dieser richtete sich entweder nach der Arbeitszeit oder nach der Art der geleisteten Arbeit, oder er kombinierte beide Kriterien.

Scharf wandte sich das Edikt gegen die Spekulanten: wer Waren aufkaufte, um aus der Teuerung Nutzen zu ziehen, sollte mit dem Tode bestraft werden. Der Zwischenhandel wurde bei der Preisfestsetzung ignoriert, ebenso wie die Transportkosten. Dies könnte einer der Gründe für das praktische Versagen des Ediktes sein. Der wichtigste Grund liegt aber wohl darin, daß die Maximalpreise dazu anreizten, hohe Preise auch für Waren zu fordern, die vorher, oder auf lokalen Märkten, niedrigere Preise erzielt hatten. Auch stellte sich bald heraus, daß die Macht des Staates nicht ausreichte, um die Durchführung des Ediktes durchzusetzen. Inwieweit das Edikt überhaupt wirksam angewendet wurde, ist umstritten.

Versuche, Preiserhöhungen zu unterbinden, insbesondere durch Beschränkung der Handelsgewinne, unternahm auch Kaiser Valentinian (364—375). Kaiser Zeno (474—491) kämpfte gegen kartellähnliche Zusammenschlüsse, die das Angebot verringern und damit die Preise hochhalten sollten.

4. Weiterführende Literatur zu Kapitel II

Zum wirtschaftshistorischen Hintergrund im allgemeinen:
Th. Mommsen, Römische Geschichte. 4 Bde. Berlin 1854—85.

M. Weber, Gesammelte Aufsätze zur Sozial- und Wirtschaftsgeschichte. Tübingen 1924.

M. Rostovtzeff, Gesellschaft und Wirtschaft im Römischen Kaiserreich. 2 Bde. Leipzig 1929.

T. Frank, An Economic History of Ancient Rome. New York 1962.

J. Vogt, Der Niedergang Roms, Metamorphose der antiken Kultur. Zürich 1965.

N. Brockmeyer, Sozialgeschichte der Antike. Ein Abriß. 2. Aufl., Stuttgart 1974.

Über die Finanzwirtschaft in Rom:

B. Laum, Entstehung der öffentlichen Finanzwirtschaft. Altertum und Mittelalter. In: Handbuch der Finanzwissenschaft. Teil. I. Tübingen 1925.

F. Altheim u. R. Stiehl, Finanzgeschichte der Spätantike. Frankfurt/M. 1957.

Über die Arbeit, insbesondere die Sklaven, die ja von den meisten römischen Schriftstellern nur vom „betriebswirtschaftlichen" Standpunkt aus behandelt werden:

F. Kiechle, Sklavenarbeit und technischer Fortschritt im römischen Reich. Wiesbaden 1969.

F. van der Ven, Sozialgeschichte der Arbeit. München 1971.

Zu Gewerbe und Handel:

F. M. Heichelheim, An Ancient Economic History. 3 Bde. Leiden 1964.

Zur Landwirtschaft:

K. D. White, A Bibliography of Roman Agriculture. Reading 1970.

Zu Fragen des Staatsrechts in Verbindung mit ökonomischen und sozialen Fragen:

H. v. Scheel, Die wirtschaftlichen Grundbegriffe im Corpus iuris civilis. In: Jahrb. f. Natök. u. Stat. 1866.

A. Bruder, Zur ökonomischen Charakteristik des römischen Rechts. In: Zeitschr. f. d. ges. Staatswiss. 1876.

P. Oertmann, Die Volkswirtschaftslehre des Corpus juris civilis. Berlin 1891.

M. Weber, Die römische Agrargeschichte in ihrer Bedeutung für das Staats- und Privatrecht. Stuttgart 1891.

F. Wieacker, Recht und Gesellschaft in der Spätantike. Stuttgart 1964.

Zum Preisedikt des Diokletian:

Das Edikt wurde im Jahre 301 n. Chr. von DIOKLETIAN und seinen drei Mitregenten erlassen.

Text: Corpus inscriptionum latinarum. Bd. III. Hrsg. von Th. Mommsen. Berlin 1873. Diokletians Preisedikt. Hrsg. von S. Lauffer. Berlin 1971.

Karl BÜCHER (Die Diokletianische Taxordnung vom Jahre 301. In: Zeitschr. f. d. ges. Staatswiss. 1894) und Theodor MOMMSEN (in Bd. II von: Gesammelte Schriften. 8 Bde. Berlin 1905—10, Nachdruck 1966) vertreten die Meinung, das Edikt sei nur in den von DIOKLETIAN unmittelbar regierten Provinzen publiziert worden.

Zum Zwölftafelgesetz:

Das Zwölftafelgesetz. Griechisch-Lateinisch-Deutsch. Hrsg. von R. Düll. 4. Aufl., München 1971.

Quellen:

M. Voigt, Die XII Tafeln. Geschichte u. System d. Civil- und Criminal-Rechtes, wie -Processes der XII Tafeln, nebst deren Fragmenten. 2 Bde. Leipzig 1883/84.

L. Wenger, Die Quellen des römischen Rechts. Wien 1953.

Zur Frage der Preisfestsetzung:

R. Kaulla, Der Wertbegriff im römischen Recht. In: Zeitschrift f. d. ges. Staatswiss. 1901.

H. G. Schachtschabel, Der gerechte Preis. Geschichte einer wirtschaftsethischen Idee. Berlin 1939.

Zur Sklaverei:

W. W. Buckland, The Roman Law of Slavery. Cambridge 1908.

Bibliographie von VOGT/BROCKMEYER (s. S. 24).

III. DIE ZEIT DER KIRCHENVÄTER

1. Die byzantinische Wirtschaft

Die wichtigsten Schriftsteller an der Wende von der Antike zum Mittelalter sind die Kirchenväter. Ihr Weltbild und daraus resultierend ihre Ansichten über wirtschaftliche Fragen orientieren sich vor allem an den Gegebenheiten der byzantinischen Wirtschaft.

Die wirtschaftlichen Grundlagen des byzantinischen Reichs waren Gewerbe und Handel. In den Wirren der Völkerwanderungszeit bewahrte Byzanz die antike Wirschaftstradition und entwickelte sie weiter.

Der Schwerpunkt des Griechentums lag schon in vorrömischer Zeit nicht mehr im griechischen Mutterland, sondern in Kleinasien, Syrien und Ägypten.

Nach der Teilung des römischen Reiches wurde das wirtschaftliche Leben in Ostrom beherrscht von den Bedürfnissen des Staates. Der Luxus des Hofes, Bestechungsgelder für fremde Völker (um sie von kriegerischen Unternehmungen abzuhalten) sowie Heer und Flotte erforderten hohe Ausgaben. So wie es kein byzantinisches Volk gab, gab es auch keine byzantinische Armee. Die Kriegsmacht bestand aus einem Söldnerheer. Die Tapferkeit der Soldaten aus vielen Nationen war zwar groß, dauerte aber nur so lange, wie der Sold gezahlt wurde.

Zur Finanzierung der Staatsausgaben wurde ein System direkter und indirekter Steuern ausgebaut. Grundsteuer, Haussteuer, Herdsteuer und Kopfsteuer wurden erhoben; Zölle und Staatsmonopole spielten eine gewichtige Rolle. Daneben gab es noch Belastungen wie Naturalleistungen, Fronfuhren und Beherbergungspflichten, die dem Heer zugute kamen.

Die Steuerlast traf vor allem die Landwirtschaft. Daher gaben viele Bauern ihren Besitz auf, wurden zu Tagelöhnern oder wanderten in die Städte. Die Macht der Großgrundbesitzer dagegen wuchs so stark, daß einige von ihnen sogar eine Privatarmee unterhalten konnten. Der Großgrundbesitz bildete einen eigenen Steuerbezirk mit eigenem Steuerkataster und trug nur eine geringe Belastung. Versuche der Kaiser, die Bauern zu schützen, hatten keine nachhaltigen Erfolge. Wie die Berichte der Kreuzfahrer zeigen, ging im byzantinischen Reich der freie Bauernstand völlig unter.

Dagegen blühten Handel und Gewerbe. In der Hauptstadt Konstantinopel strömten dank ihrer Lage zwischen Ost und West Waren aus Asien, Afrika, Italien, Spanien, Gallien und Rußland zusammen. Es wurde auch Handel mit Ceylon und China getrieben. Byzantinische Kaufleute, vor allem Syrer und Armenier, gingen nach Afrika, Spanien, Italien und Gallien.

In den großen Städten erlebten die Manufakturen einen starken Aufschwung. Viele von ihnen waren Staatsbetriebe. Um die Löhne niedrig halten zu können, regelten die Behörden z. B. in Konstantinopel Preise und Verkaufsbedingungen der lebensnotwendigen Waren. Auch der Verkauf von Getreide wurde zeitweilig vom Staat übernommen.

Die Handwerker waren in Zünften zusammengeschlossen, die strenge Regeln über den Einkauf der Rohstoffe, die Verarbeitung und den Absatz der Endprodukte einführten.

Die Gestalt, die das römische Recht in der Zeit zwischen Konstantin und Justinian annahm, ist das Ergebnis einer organischen Entwicklung. Ein neuer Faktor gewinnt hierbei an Bedeutung: das Christentum. Sein Einfluß ist unübersehbar im Familienrecht, in den verstärkten Rechten der Sklaven und ganz allgemein im größeren Schutz für den Schwachen sowie in einer stärkeren Betonung der sozialen Bezüge.

2. *Der Großgrundbesitz und der Beginn mittelalterlicher Abhängigkeitsverhältnisse in der Landwirtschaft*

Bei der Betrachtung der mittelalterlichen Wirtschaftsverhältnisse muß beachtet werden, daß weite Teile Germaniens und Galliens von den Römern geprägt worden sind. Die Römer veränderten tiefgreifend Landwirtschaft, Handel und Handwerk. Die landwirtschaftlichen Großbetriebe (Latifundien) entstanden aus der Übernahme orientalischer Wirtschaftsmethoden, vermutlich durch Vermittlung der Griechen. Diese Großbetriebe sind charakterisiert durch Arbeitsteilung und Produktion für einen meist weit entfernt liegenden Markt. Sie beschäftigten auch Handwerker und Händler und betrieben sogar Bankgeschäfte. In den von Germanen, Slawen und Arabern eroberten Teilen des römischen Reiches blieben sie Inseln antiker Wirtschaftskultur.

Die Geschichte der römischen Latifundien beginnt im 2. Jahrhundert v. Chr. Wir hören von der römischen „villa" und ihren zur „familia" gehörenden Sklaven. Als die Zufuhr neuer Sklaven nachließ, nachdem die Kriegszüge weitgehend aufgehört hatten, wurden die Latifundien immer mehr von halbfreien Kolonen bewirtschaftet. So entstand eine neue Form von Abhängigkeitsverhältnissen, die bis ins Mittelalter erhalten blieb.

Die Kolonen arbeiteten auf den Gütern. Ein Teil des Großgrundbesitzes wurde an sie auch zur Selbstbewirtschaftung vergeben; sie hatten dafür regelmäßige Abgaben und Dienste zu leisten. Rechte und Pflichten der Kolonen gingen auf ihre Kinder über.

Die unfreien Kolonen waren unterschiedlicher Herkunft. Ein Teil von ihnen kam aus dem Sklavenstand. Tüchtigen Sklaven wurde zur Bewirtschaftung auf eigene Rechnung ein entfernt liegendes Grundstück verpachtet. Beim Tod des Sklaven fiel der Besitz an den Herrn zurück. Wurde der Sklave vorher freigelassen und vererbte den Besitz an seine Kinder, entstand ein unfreies Kolonat.

Die Einrichtung des Kolonats wurde auch auf die von Augustus und seinen Nachfolgern in Italien angesiedelten Germanen ausgedehnt. In den römischen Provinzen nördlich der Alpen lebten die Germanen als Halbfreie. Sie bebauten das Land gegen Steuerabgaben und die Verpflichtung zu Kriegsdiensten.

Unfreie Kolonen gingen ferner aus Freien hervor, die durch Schulden in Unfreiheit gerieten. Das Abhängigkeitsverhältnis wurde erblich. Wirtschaftliche und politische Gründe führten dazu, daß diese Form der Unfreiheit auch nördlich der Alpen starke Verbreitung fand.

3. Die Heilige Schrift als Ausgangspunkt mittelalterlicher Soziallehren

Die frühen christlichen Schriftsteller bemühen sich um eine Synthese zwischen der griechischen Philosophie und dem Gedankengut der Bibel.

Die wirtschaftlich relevanten Stellen in der Bibel haben fast ausschließlich normativen Charakter. Die Bibel versucht nicht, zu erklären was ist, sie versucht nicht, gesellschaftliche oder wirtschaftliche Zusammenhänge in irgendeiner Weise transparent werden zu lassen, sondern sie verkündet Gebote Gottes. Besonders deutlich ist der Gebotscharakter in den Büchern Mose. Hier finden sich detaillierte Vorschriften für das Zusammenleben der Menschen. Die Verkündigung der Propheten bringt dem Volk die alten Normen in neuer Sprache oder in neuen Situationen wieder nahe.

Die hier interessierenden Normen des Alten Testaments betreffen das Zinsverbot, das Verbot des Übervorteilens bei der Festsetzung der Preise, die Regelung der Schuldverhältnisse, die Rechte der Fremden und der Sklaven, das Verhältnis zu den Tieren sowie die Pflicht zur Einhaltung von Ruhetagen. Sie alle lassen sich zusammenfassen unter dem Gebot der „Gerechtigkeit".

Die Bibel und der jüdisch-christliche Sprachgebrauch verstehen unter „Gerechtigkeit" das gesamte religiös-sittliche Verhalten der Menschen. Im Gegensatz zur Auffassung der Griechen —

insbesondere PLATONS und ARISTOTELES' — ist die Gerechtigkeit aber auf den Gott der Offenbarung bezogen. „Gerecht" ist, wer den Willen Gottes erfüllt.

Das Neue Testament löst die sozialethischen Bestimmungen aus dem Gesetzesformalismus und stellt die Sinnbestimmung in den Vordergrund.

Die Evangelien knüpfen zwar an die alttestamentlichen Aussagen an; sie heben aber den Unterschied zwischen Juden und Heiden, Israeliten und Fremden, Freien und Sklaven auf und betonen die Pflicht zur Nächstenliebe gegenüber allen Menschen.

Die Frage, ob die Evangelien ein konkretes sittliches Verhalten fordern, wird heute weitgehend verneint. Nach Ansicht moderner Experten zieht sich nur eine Sicht wie ein roter Faden durch die Evangelien: Jesus verurteilt die Liebe zum Besitz und die Profitgier: „Niemand kann zwei Herren dienen, — Gott und Mammon" (Lk. 16, 13). Der Versuch, hieraus ins einzelne gehende Gebote abzuleiten, erscheint im Lichte der modernen Bibelwissenschaft (beider Konfessionen) aber abwegig. Die Bergpredigt gibt Zielvorstellungen, keine Anweisungen, die die freie Gewissensentscheidung des Christen ersetzen könnten.

Die Synoptiker (MARKUS, LUKAS, MATTHÄUS) geben keine Weisungen, wie der Christ in bestimmten Situationen handeln soll. In den Evangelien finden sich sehr widersprüchliche Aussagen über wirtschaftliches Handeln: Von dem berühmten Wort Jesu „Gebt dem Kaiser, was des Kaisers ist" (Mt. 22, 21) über die Gleichnisse vom ungetreuen Verwalter (Lk. 16, 1—8), den Arbeitern im Weinberg (Mt. 20, 1—16) bis zu „Wer hat, dem wird hinzugegeben werden —, wer aber nicht hat, dem wird genommen werden, was er hat" (Mt. 25, 29) wirft das Neue Testament mehr Fragen auf, als es Lösungen andeutet.

Die frühen christlichen Schriftsteller nahmen dennoch einzelne Wort Jesu und der Apostel sehr oft aus dem Gesamtzusammenhang und konstruierten aus dem Neuen Testament sittliche Normen, auch Normen, die für das Wirtschaftsleben galten. Diese Tendenz setzte sich im Mittelalter und in der Reformationszeit fort. Aus der Verurteilung der Profitgier wurde z. B.

die Verurteilung aller Handelsgeschäfte abgeleitet. Besonders deutlich wird diese einseitige Interpretation beim Zinsverbot (s. S. 62 ff.).

Von weitreichender Bedeutung für die christliche Sozialethik sind die Episteln des PAULUS. Der Apostel betont den Gedanken einer in Gott gegründeten sittlichen Ordnung, die zu erkennen der Mensch in der Lage ist.

Wenn die Heiden, die das Gesetz nicht haben, aus natürlichem Antrieb die Forderungen des Gesetzes erfüllen, so sind sie, die das Gesetz nicht haben, sich selbst Gesetz. Sie zeigen damit, daß der Kern des Gesetzes in ihr Herz geschrieben ist. Ihr Gewissen bezeugt es ihnen (Röm. 2, 14—15).

In scharfem Gegensatz zu den Ansichten der griechischen Schriftsteller steht das christliche Arbeitsethos, das auf PAULUS zurückzuführen ist (1. und 2. Brief an die Thessalonicher). PAULUS ermahnt die Gemeinde, die Arbeit als soziale Pflicht zu betrachten, vor allem unter dem Aspekt der Nächstenliebe: Der Christ soll arbeiten, um anderen nicht zur Last zu fallen und um in der Lage zu sein, den Bedürftigen zu helfen.

PAULUS versucht jedoch nicht die herrschende Sozialordnung zu verändern: Dies wird deutlich an der Frage des entlaufenen Sklaven (Brief an Philemon). Es geht PAULUS hier darum, die bestehende — und weiter aufrechtzuerhaltende — Beziehung Herr—Sklave im Sinne der christlichen Brüderlichkeit zu humanisieren.

4. Die wichtigsten Kirchenväter und ihr Beitrag zu ökonomisch relevanten Fragen

Als „Kirchenväter" bezeichnet die christliche Theologie (und in ihrem Gefolge die Geschichtswissenschaft) diejenigen Schriftsteller der christlichen Frühzeit, deren Werke wesentlicher Bestandteil der kirchlichen Lehre geworden sind. Ihre Bedeutung für das wirtschaftliche Leben ergibt sich nicht nur aus ihren Aussagen über ökonomische Tatbestände, sondern auch aus ihren Gedanken über Gut und Böse im Handeln des Menschen, über sein Verhältnis zu den irdischen Gütern, über den Staat und seine Bedeutung für den Gläubigen. Durch die Verwendung der Begriffe griechischer Philosophie bei der Auslegung der Bibel und der christlichen Botschaft schufen die Kirchenväter das Fundament, auf dem die christliche Ethik gründet.

Die Kirchenväter waren die höchste Autorität für das christlich bestimmte Denken und Handeln im Mittelalter. Ihre Gedanken wirken bis in die Reformationszeit fort. Sie schrieben als Theologen; daher wird bei ihnen das wirtschaftliche Leben unter dem Gesichtspunkt der Ethik — im weitesten Sinne — betrachtet. Die Kirchenväter gehen meist von den materiellen und sozialen Mißständen der Spätantike aus.

Allen gemeinsam ist die Betonung der Rechte der Gemeinschaft gegenüber dem unbeschränkten Privateigentum, wie es das römische Recht kannte. Im allgemeinen gilt die Gütergemeinschaft als erstrebenswertes Ideal. Die Überlegungen zu Fragen des Eigentums gehen aus von der Diskrepanz zwischen Normen des römischen Rechts und den Geboten, die sich aus der christlichen Botschaft ableiten.

Fast alle Kirchenväter verurteilen den Handel und das damit verbundene Streben nach „mühelosem" Gewinn, wobei sie sich auf die Bibel und die Schriften der griechischen Philosophen berufen. Für den westlichen Teil des Römischen Reiches hatte dies nur geringe Bedeutung, da sich nach der Völkerwanderung die hochentwickelte Wirtschaft der Antike zurückbildete. In Byzanz wurden die Lehren der Kirchenväter in der Praxis weitgehend ignoriert.

Im Zusammenhang mit der Verurteilung des Handels wird der Wert der Arbeit betont. Damit wird der Sklaverei die ethische Grundlage entzogen. Für die Kirchenväter hat die Arbeit als Erwerbsquelle absoluten Vorrang. Aus den Erträgen seiner Arbeit soll der Gläubige den Unterhalt seiner Familie bestreiten und die Armen unterstützen. Das Streben nach Luxus wird entschieden verworfen.

Tertullian (Quintus Septimus Florens Tertullianus, 160 bis

225) war Jurist und schrieb über wirtschaftliche Tatbestände nach dem Muster von Rechtsfällen. Seine griechisch geschriebenen Werke sind nicht erhalten.

TERTULLIAN hält den Handel für verwerflich, obwohl er seine Notwendigkeit für das wirtschaftliche Leben anerkennt. Besonders hart urteilt er in der Frage des Zinsnehmens: Der Handel mit Geld sollte den Ausschluß aus der christlichen Gemeinde nach sich ziehen.

CLEMENS VON ALEXANDRIEN (Titus Flavius Clemens, 150 bis 211 oder 216) hatte umfassende Kenntnisse der griechischen Literatur; er zitiert häufig die stoischen Philosophen, HOMER und HESIOD.

CLEMENS verlangt Verzicht auf weltliche Güter und einen bewußten und maßvollen Gebrauch des Reichtums, den zu besitzen er nicht als unmoralisch verwirft. Viele seiner Schriften sind verschollen.

AMBROSIUS (339—397) gilt als einer der vier großen Kirchenlehrer der lateinischen Kirche. Er wurde in Trier geboren als Sohn eines hohen römischen Beamten und erhielt in Rom eine ausgezeichnete Erziehung. 374 wurde er Bischof von Mailand und die führende Gestalt in der abendländischen Kirche. Als Prediger bekämpfte er den Arianismus. Er war Freund und Berater verschiedener römischer Kaiser — GRATIANS, VALENTINIANS II, THEODOSIUS' I — und nahm somit entscheidenden Einfluß nicht nur auf die Kirchenpolitik, sondern auch auf zahlreiche andere Gebiete politischen Handelns.

In seinen Schriften betont AMBROSIUS die Notwendigkeit, das Gemeinschaftsbewußtsein der Christen zu stärken. Als Theologe vermittelt er den lateinischen Lesern die Auffassungen der griechischen Schriftsteller PHILON, ORIGINES und ATHANASIUS. Seine Schrift ›De officiis ministrorum‹ — eine Nachahmung von CICEROS ›De officiis‹ — ist die erste zusammenfassende Darstellung der christlichen Ethik. Sie war eine wichtige Grundlage für die Ethik der mittelalterlichen Philosophen und Theologen.

Werke:

Vgl. Art. Ambrosius, in: Lexikon für Theologie und Kirche. Bd. I. Freiburg/Brsg. 1957.

Über Ambrosius:

J. E. Niederhuber, Die Lehre des hl. Ambrosius vom Reiche Gottes auf Erden. Mainz 1904.

H. von Campenhausen, Ambrosius von Mailand als Kirchenpolitiker. Berlin 1929.

J. Huhn, Ursprung und Wesen des Bösen und der Sünde nach der Lehre des Kirchenvaters Ambrosius. Paderborn 1933.

J. Huhn, Ambrosius von Mailand, ein sozialer Bischof, das Vorbild unserer Zeit. Fulda 1946.

Augustinus (Aurelius Augustinus, 354—430) ist wohl der bedeutendste der lateinischen Kirchenlehrer. Seine Gedanken haben nicht nur die mittelalterlichen Theologen beeinflußt, sondern auch die Reformatoren.

Augustinus stammte aus Nordafrika; er war der Sohn eines wohlhabenden Heiden und einer Christin. Seine Ausbildung erhielt er in Karthago und in Rom; 384 wurde er Professor der Rhetorik in Mailand, wo er durch die Predigten des Ambrosius zum Christentum fand. Er legte daraufhin sein Amt nieder und gründete in Nordafrika eine klösterliche Gemeinschaft. 396 wurde Augustinus Bischof von Hippo Regius.

Als Bischof übte Augustinus eine umfangreiche Lehrtätigkeit in Predigten und Schriften aus. Mit diesen Arbeiten hatte er großen Anteil an der Entwicklung der christlichen Lehre auf fast allen Gebieten der Theologie und der Philosophie an der Wende der Antike zum Mittelalter. Seine Staatslehre prägte die Auffassung über die mittelalterliche Gesellschaft. Über die Reformation, die ihm wichtige Impulse verdankt (s. S. 89 ff.), beeinflußt Augustinus noch die Theologie des 20. Jahrhunderts.

Die Schriften des Augustinus zeigen vielfältige Einflüsse antiker Philosophen. In seinen frühen Werken ist er stark vom Neuplatonismus geprägt. Die Elemente des Neuplatonismus, die mit dem Christentum nicht vereinbar waren, schied er aus; er

„verchristlichte" diese Philosophie und machte sie somit zu einem „Werkzeug" theologischer Überlegungen. Bei AUGUSTINUS kann man Philosophie und Theologie allerdings nicht streng unterscheiden.

Für die Kirchenpolitik, aber auch für den Ausbau der Lehre vom Verhältnis zwischen Kirche und Staat (und daraus entwickelt für das Verhältnis des Bürgers zum Staat) ist die Staatslehre des AUGUSTINUS von fundamentaler Bedeutung. Für AUGUSTINUS ist der Staat — auch der christliche — Folge der Sünde. Seine Aufgabe ist, in einer durch den Sündenfall geprägten Welt für Ordnung und Frieden zwischen den Bürgern zu sorgen. Bei dieser Aufgabe wird der Staat selbst in den Bereich der Sünde gezogen. Eine Identifikation der Civitas Dei, des Gottesstaates, mit einer bestimmten, in der Geschichte vorkommenden Gesellschaft ist daher unzulässig. Hiermit wendet sich AUGUSTINUS gegen die Auffassung, es sei Aufgabe der Kirche, das Römische Reich zu retten.

Ein Schlüsselbegriff bei AUGUSTINUS ist die „Caritas", in der sich die gemeinschaftsbezogene Seite der Liebe zu Gott entfaltet. Die Liebe zu Gott verbindet die Gläubigen zu einer Gemeinschaft, die in diesem Leben nur als Spiegel der ewigen Gemeinschaft mit Gott erfahren werden kann.

Aus der Betonung der Gemeinschaft ergeben sich die meisten Aussagen AUGUSTINUS' zu wirtschaftlichen Fragen. Er verurteilt das maßlose Gewinnstreben, insoweit es das Gebot der Liebe in der Gemeinschaft verletzt, insbesondere dann, wenn die Notlage des Schwächeren dabei ausgenutzt wird. AUGUSTINUS hat sich im Laufe seines Lebens mehrfach über den Handel geäußert und dabei unterschiedlich scharfe Positionen bezogen: Zunächst lehnt er den Handel ab, bei dem um den Preis der Ware gefeilscht wird. Dann sagt er, man könne den Handel — im Sinne von Handelsgeschäften — nicht verbieten, denn die Lügenhaftigkeit und der Drang, den Partner zu übervorteilen, gehörten nicht wesenhaft zu diesen Geschäften, sondern lägen in der Person des Händlers. Der Händler müsse also zur Wahrhaftigkeit ermahnt werden.

Augustinus erkennt aber auch den Wert der geleisteten Arbeit an: Der Händler hat das Recht, seine Ware teurer zu verkaufen, als er sie eingekauft hat, da er für die aufgewendete Arbeit auch ein Entgelt verlangen darf. Der Seelsorger muß den Händler ermahnen, offenzulegen, wie teuer er die Ware eingekauft hat und wie hoch sein Arbeitslohn und sonstige Kosten von ihm angesetzt werden.

Augustinus befaßt sich nicht mit dem Problem der Wertlehre. Für ihn hat ein Gut einen „normalen" Wert, der abgeleitet ist von seiner Bedeutung für die Befriedigung der Bedürfnisse des „christlichen Menschen". Dieser „normale Wert" ist für Augustinus, wie für die Kirchenväter, kein Problemgegenstand. Bei der Forderung nach dem gerechten Preis handelt es sich daher für Augustinus um die Frage, ob für diesen als gegeben angesehenen Wert der entsprechende Preis bezahlt wird oder nicht. Entspricht der geforderte Preis nicht dem „normalen Wert" der Ware, so ist die Preisforderung sündhaft.

Augustinus und die anderen Kirchenväter stellen also Regeln für das Verhalten im Tauschverkehr auf. Ihre Überlegungen kreisen nicht um die Bestimmung des gerechten Preises. Sie fragen selten nach den Kosten oder den Bedürfnissen, sondern vor allem nach der ethischen Haltung der Tauschpartner. Ihr Ziel ist, Betrug und Habsucht einzudämmen. Daher stehen diese Gedanken oft im Zusammenhang mit Betrachtungen über die Bedeutung der irdischen Güter für den Christen.

Augustinus vertritt die Ansicht, daß irdischer Besitz an und für sich wertfrei sei. Je nachdem, wie sie erworben und gebraucht werden, sind die Güter dann als sittlich gut oder sittlich böse anzusehen. Ähnliche Gedanken finden sich bei griechischen Kirchenvätern (z. B. Irenäus, um 180 n. Chr.; Cyrillus, um 350 n. Chr.).

Werke:

Deutsche Augustin-Ausgabe. Hrsg. von C. J. Perl. 16 Bde. Paderborn 1947—60 und öfter.

Der Seelsorger. Deutsche Gesamtausgabe seiner moraltheologischen Schriften. Hrsg. v. A. Kunzelmann und A. Zumkeller. Würzburg 1949.

Ausführliche Angabe der lateinischen Ausgaben vgl. Art. Augustinus, in: Lexikon für Theologie und Kirche. Bd. I. Freiburg/Br. 1957.

Über Augustinus:

J. Mausbach, Die Ethik des heiligen Augustinus. 2 Bde. Freiburg/Br. 1909.

H. Weinand, Antike und moderne Gedanken über die Arbeit, dargestellt am Problem der Arbeit beim heiligen Augustinus. Mönchen-Gladbach 1911.

E. Troeltsch, Augustin, die christliche Antike und das Mittelalter. Im Anschluß an die Schrift ›De civitate dei‹. München 1915.

E. Dinkler, Die Anthropologie Augustins. Stuttgart 1934.

J. Ratzinger, Volk und Haus Gottes in Augustins Lehre von der Kirche. München 1954.

Die sogenannten „orientalischen" oder griechischen Kirchenväter geißeln vor allem den Luxus in Byzanz. Sie verweisen auf die Unvereinbarkeit dieses Lebens mit den Lehren der Kirche.

Bei GREGOR VON NAZIANZ und GREGOR VON NYSSA werden Zins und Geldwirtschaft, ungehemmtes Erwerbsstreben und Bedrückung der Armen durch die Reichen angeprangert. Während sie nur selten und sporadisch das Wirtschaftsleben in Byzanz zu beeinflussen vermochten, bilden ihre Lehren vielfach den Ausgangspunkt für die Überlegungen der Scholastiker. Ihr Einfluß auf spätere Bestimmungen des Kirchenrechts ist unverkennbar. Dies gilt vor allem für das kanonische Zinsverbot.

CHRYSOSTOMUS (354—407), auch Johannes Chrysostomus von Konstantinopel genannt, ist der bekannteste griechische Kirchenlehrer. Er war Priester in Antiochia und (ab 398) Bischof von Konstantinopel. Seine Predigten und Reden liefern ein Bild der kirchlichen Wirklichkeit in Ost-Rom und der Probleme, die sich den Christen dort stellten. Die scharfe Stellungnahme des CHRYSOSTOMUS zu den Mißständen am Hofe führte schließlich zu seiner Verbannung.

CHRYSOSTOMUS entfaltete eine rege Tätigkeit in der Armenfürsorge. Er ließ später Spitäler und Hospize bauen und kümmerte sich um die zahlreichen Fremden in Konstantinopel. Angesichts des Elends versuchte er, die Reichen und Mächtigen an ihre Pflichten gegenüber den christlichen Brüdern zu erinnern. Er polemisierte gegen den übermäßigen Luxus, gegen Handelsgewinne und Übervorteilung der schwächeren Vertragsparteien und pries das mönchische Ideal eines asketischen Lebens. Nicht nur theologischen, sondern vor allem ökonomisch-sozialen Überlegungen entspringen seine Angriffe gegen die Juden, insbesondere gegen die jüdischen Kaufleute. Allgemein sind seine Aussagen zu ökonomischen Fragen nicht grundsätzlich-systematischer Natur. Es ist daher wohl ein Irrtum, aus seiner Ablehnung einzelner Handelsgeschäfte eine generelle Ablehnung des Handels und insbesondere des Zinsnehmens zu konstruieren.

Werke:

Ausgabe seiner Werke durch B. de Montfaucon, Paris 1718—38.

S. P. Joannis Chrysostomi opera omnia, editio novissima, accurante et denuo recognoscente J.-P. Migne. Paris 1862. Übersetzung in: Bibliothek der Kirchenväter. Eine Auswahl patrist. Werke in dtsch. Übers. Hrsg. von O. Bardenhewer, Th. Schermann, K. Weymann, J. Zellinger. 8 Bde. Kempten u. Regensburg 1915—36.

Über Chrysostomos:

C. Bauer, Der heilige Johannes Chrysostomus und seine Zeit. 2 Bde. München 1929/30.

H. v. Campenhausen, Die griechischen Kirchenväter. 4. Aufl., Stuttgart 1967.

Hieronymus (347—420) stammte aus Dalmatien und studierte in Rom Philosophie und Grammatik. Er bereiste Gallien und den Orient. In Konstantinopel lernte er Gregor von Nazianz und Origines kennen. 382 kam er nach Rom zu Papst Damasus I; nach dessen Tod (384) ließ er sich in Bethlehem nieder, wo er sich biblischen und philosophischen Studien widmete. Dabei kamen ihm sein Sprachtalent und seine umfassenden Kenntnisse antiker und zeitgenössischer Schriftsteller zugute. Sein wichtigstes Werk ist die Revision der lateinischen Übersetzung des Neuen Testamentes und von Teilen des Alten Testamentes.

In seinen Briefen und Streitschriften entfaltet Hieronymus

eine maßlose Polemik. Berühmt wurde er durch die Predigten, in denen er in sehr deftiger Sprache die Fehler und Sünden seiner Zeit — besonders Luxus und Gewinnstreben — verdammte. Auf diese durch starke Übertreibungen charakterisierten Aussagen stützten sich später zahlreiche Schriftsteller.

Werke:

Ausgabe durch G. Grützmacher, Löwen 1907/08. (Studien zur Geschichte der Theologie und der Kirche. Hrsg. von N. Bonwetsch u. R. Seeberg, X. Bd.). — Opera. 2 Bde. Editit D. Germanus Morin. Turnholti 1958.

Über Hieronymus:

J. Brochet, St. Jerôme et ses ennemis. Paris 1905.

5. Weiterführende Literatur zu Kapitel III

Zum wirtschaftshistorischen Hintergrund:

Th. Mommsen, Geschichte des Römischen Münzwesens. Berlin 1860. Nachdruck Graz 1956.

O. Seeck, Geschichte des Untergangs der antiken Welt. 6 Bde. Stuttgart 1897—1920. Nachdruck Stuttgart 1966.

A. Stöckle, Spätrömische und byzantinische Zünfte. Leipzig 1911.

E. Stein, Geschichte des spätrömischen Reiches. 2 Bde. Wien 1928.

F. Altheim und R. Stiehl, Finanzgeschichte der Spätantike. Frankfurt/M. 1957.

F. Wieacker, Recht und Gesellschaft in der Spätantike. Stuttgart 1964.

J. Vogt, Der Niedergang Roms. Metamorphose der antiken Kultur. Zürich 1965.

A. H. M. Jones, The Decline of the Ancient World. London 1966.

Vgl. auch die zu Kapitel II angegebene Literatur.

Zu Wirtschaftsfragen:

J. Seipel, Die wirtschaftsethischen Lehren der Kirchenväter. Wien 1907. Nachdruck Graz 1972.

L. v. Brentano, Die Entwicklung der Wertlehre. München 1908.

O. Schilling, Reichtum und Eigentum in der altkirchlichen Literatur. Freiburg/Br. 1908.

E. Salin, Kapitalbegriff und Kapitallehre von der Antike zu den Physiokraten. In: Vierteljahrsschr. f. Sozial- und Wirtschaftsgesch. 1930.

Zur Sozialethik der Bibel:

R. Schnackenburg, Die sittliche Botschaft des Neuen Testaments. 2. verm. u. verb. Aufl., München 1962.

K. H. Schelkle, Theologie des Neuen Testaments. Bd. III: Ethos. Düsseldorf 1970.

IV. DAS MITTELALTER

1. Der wirtschaftshistorische Hintergrund

Als das weströmische Reich untergegangen war, kristallisierten sich um das Mittelmeer mehrere kleine Wirtschaftszentren (z. B. Byzanz) heraus. In den germanischen Nachfolgestaaten des weströmischen Reiches bildete sich die hochentwickelte römische Verkehrswirtschaft wieder zurück zum Naturaltausch.

Im frühen Mittelalter dominierte eine neue Herrschaftsform, die Grundherrschaft, die von weltlichen und geistlichen Herren ausgeübt wurde. Sie entstand zum Teil aus der Verfassung der römischen Domänen (s. S. 46 ff.). Die alten römischen Niederlassungen verloren an Bedeutung. An den Knotenpunkten der Fernstraßen entstanden neue Siedlungen. In den aufblühenden Städten organisierten sich Handel und Gewerbe in Zünften und Gilden.

Die geistige Situation der Menschen wandelte sich von der Antike bis zum Mittelalter ebenso grundlegend wie ihre materielle Umgebung. In der antiken Gesellschaft war die Arbeit keine ethisch relevante Größe (s. S. 21 f.). Die meiste Arbeit wurde von Sklaven geleistet, eine Entlohnung nach Arbeitsleistung gab es nicht. Der Übergang zum Mittelalter brachte in weitem Umfang die Befreiung der Sklaven. Somit kam es zu einer entscheidenden Wende in der Beurteilung der Wirtschaft unter dem Gesichtspunkt des Wertes der Arbeitsleistung.

Bis ins 11. Jahrhundert war das allgemeine Interesse an wirtschaftlichen Fragen allerdings sehr gering (abgesehen von den Rechtsspiegeln und der höfisch-ritterlichen Literatur gab es nur geistliche Schriften). Das ökonomische Handeln wurde nach ethischen Maßstäben gemessen.

Der Handel war im frühen Mittelalter vor allem Fernhandel

und diente hauptsächlich der Versorgung mit Luxusgütern. So wurde er im Zusammenhang mit der Verurteilung des Luxus bekämpft. Als der Handel für die Bevölkerung der aufblühenden Städte an Bedeutung zunahm, paßte sich die kirchliche Lehre nur zögernd den Notwendigkeiten der Praxis an, auch der von kirchlichen Organisationen geübten Praxis. So wurde der Handel auch dann noch als eine verwerfliche Tätigkeit angesehen, als Orden und sonstige kirchliche Institutionen bereits daran beteiligt waren.

Eine Wende brachten die Kreuzzüge. Durch sie kamen die lateinischen Christen mit der byzantinischen Wirtschaft in Kontakt, wodurch neue Impulse freigesetzt wurden. Seit der Mitte des 12. Jahrhunderts haben daher die kirchlichen Denker begonnen, sich — ausgehend von der Realität — mit ökonomischen Problemen zu befassen.

Somit kann gesagt werden, daß erst im 12. Jahrhundert Überlegungen über wirtschaftlich relevante Fragen angestellt wurden, die „dogmengeschichtlich" interessieren können.

2. Die Preisregelung in den deutschen Städten

Eine Regelung der Preise ist in einigen deutschen Städten schon für das 11. Jahrhundert nachgewiesen. Diese Regelung betraf unterschiedliche Waren und wurde an verschiedenen Orten und in verschiedenen Jahrhunderten unterschiedlich gehandhabt. Einige gemeinsame Grundzüge lassen sich aber feststellen:

Die Preisregulierung war verbunden mit Bestimmungen über Maße und Gewichte, über Anforderungen an die Qualität der Waren und über das Münzwesen. Dennoch bildeten diese Regeln kein System; sie entsprachen vielmehr den jeweiligen praktischen Gegebenheiten.

Überprüfung geltender Bestimmungen und Einführung neuer Formen der Preisüberwachung waren meist durch Mißernten oder Kriege veranlaßt. Im späten Mittelalter kamen die Münzverschlechterungen hinzu.

Preise sowie Maße und Gewichte wurden von den städtischen Behörden (Territorialherr, Stadtherr oder Rat) festgesetzt. Die Zünfte hatten vorwiegend die Interessen ihrer Mitglieder zu vertreten, während die Maßnahmen der Behörden dem Schutze der Konsumenten dienen sollten. Diese Aufgabe wurde den Trägern der Staatsgewalt von der Kirche ausdrücklich zugewiesen.

Die Überwachung der Preise, Gewichte und Wechselkurse oblag einer Vielzahl von Beamten, insbesondere den Prüfern für bestimmte Warengattungen (z. B. Brot), bestimmte Märkte (z. B. Holzmarkt), bestimmte Orte und Zeiten (z. B. Wochenmärkte). Übertretung der Bestimmungen zog schwere Strafen nach sich. Die Strafgelder dienten meist zur Besoldung der Überwachungsbeamten.

Die Preisfestsetzung erstreckte sich nicht auf alle Waren, sondern nur auf die für die städtische Bevölkerung lebensnotwendigen Produkte. In den verschiedenen Taxordnungen werden regelmäßig aufgeführt: Brot, Fleisch und Bier. Daneben finden sich häufig Preisregeln für Holz, Heu und Ziegelsteine. Der jeweilige Preis umfaßte die Kosten für die Rohstoffe (z. B. Getreide), den Arbeitslohn und die Steuern (z. B. Akzise). Mit dem Preis wurden zugleich das Gewicht und bestimmte Qualitätsanforderungen festgelegt. Die Preisregelungen wurden ergänzt durch Bestimmungen über Einkauf und Verkauf; insbesondere mußten Waren an bestimmten Orten und zu bestimmten Zeiten angeboten werden.

Darüber hinaus wurde der Preis auch durch Zölle und sonstige Maßnahmen zum Schutz der einheimischen Produzenten reguliert. Versuche der Händler, durch Absprachen oder Zurückhalten der Waren den Preis in die Höhe zu treiben, wurden meist energisch bekämpft.

Die Bemühungen, die Preise lebensnotwendiger Waren festzulegen, waren aber oft erfolglos. Zunächst deshalb, weil selbst in den kleineren Städten eine lückenlose Überwachung des Marktes nur schwer durchgeführt werden konnte. Dann, weil Höchstpreise für einige Waren zu Verschiebungen in der Struktur des Angebotes führten. Das Angebot konzentrierte sich auf jene Produkte, deren Preise nicht festgelegt waren, während die preisgebundenen Waren immer knapper wurden. Absprachen der Produzenten und Händler konnten nicht wirksam unterbunden werden. Die schlechten Transportverhältnisse machten einen raschen Ausgleich bei Mißernten fast unmöglich.

Die größte Schwierigkeit lag aber wohl in der Frage, nach welchen Kriterien die Preise festgelegt werden sollten. Die zahlreichen Klagen über Verletzungen des „gerechten Preises" in der zeitgenössischen Literatur und das darin sichtbare Bemühen, genauere Kriterien für die Ermittlung des gerechten Preises herauszuarbeiten, zeigen, daß die behördliche Preisregulierung nicht befriedigend funktionierte.

3. Die Diskussion des gerechten Preises und das Zinsverbot der Scholastik

Die Philosophie des katholischen Mittelalters — die Scholastik — schließt an die Ära der Kirchenväter an. Die Scholastiker versuchen nicht, ökonomische Zusammenhänge zu erkennen, sondern es überwiegt die Frage nach der Vereinbarkeit des ökonomischen Verhaltens mit der christlichen Ethik. Die Argumentation der Scholastiker in ökonomischen Fragen ist nicht abgeleitet von der Beobachtung konkreter Erscheinungen, sondern das Ergebnis theologisch-ethischer Reflexion, ausgehend vom Prinzip der Gerechtigkeit. Man suchte nicht nach wirtschaftlichen Gesetzmäßigkeiten, sondern nach Verhaltensnormen.

Die wirtschaftsbezogenen Gedankengänge der Theologen des hohen Mittelalters kreisen um zwei Probleme: den „gerechten Preis" und das Zinsverbot. Basis der Überlegungen ist neben den Lehren der Kirchenväter die aristotelische Philosophie.

Die Diskussion über den gerechten Preis geht davon aus, daß die Ziele des wirtschaftlichen Handelns von der Wohlfahrt nicht des Individuums, sondern der Gemeinschaft bestimmt werden.

Auf eine kurze und daher wohl unbefriedigende Formel gebracht: Der Preis soll kostenorientiert und (relativ) unabhängig von der Nachfrage sein. Bei seiner Festsetzung sind die Zielsetzungen des Gesamtganzen (Staat) zu berücksichtigen. Diese Vorstellung vom gerechten Preis setzt Eingriffsmöglichkeiten des Staates in das Wirtschaftsleben voraus. Die Forderung richtet sich zwar zuerst an das Gewissen des Einzelnen; da dieser aber die Freiheit hat, gegen sein Gewissen zu handeln, muß die Obrigkeit das rechte Handeln erzwingen.

Als die Lehre vom gerechten Preis erörtert wurde, griffen die Scholastiker zunächst auf die Lehren der Kirchenväter und auf die Bestimmungen des römischen Rechts zurück. Diese waren in das frühe Kirchenrecht eingegangen. Schwer festzustellen ist, ob und inwieweit die Entstehung der kanonischen Vorschriften eine Folgeerscheinung der zahlreichen obrigkeitlichen Regelungen war. Eine Interdependenz zwischen staatlicher Preisregulierung und theologischer Reflexion solcher Fragen ist aber anzunehmen.

Das Postulat des gerechten Preises ist seit der Antike lebendig geblieben. Als politische Forderung tritt es vor allem in Zeiten wirtschaftlicher Not auf (z. B. bei Kriegen und Kriegsfolgen, Mißernten, Inflationen). Damit wird das ethische Postulat zu einem ökonomischen Problem.

Der Preis soll den gerechten Ausgleich der Leistungen innerhalb der Wirtschaftsordnung verwirklichen. So kann der gerechte Preis nur festgelegt werden innerhalb der Zielsetzungen und Prioritäten einer gelenkten oder gebundenen Wirtschaft, denn diese geben unter den „Kosten" das zweite Element der Preisfestsetzung. So entsteht die Forderung, den Preis als Lenkungsinstrument des Wirtschaftsablaufs einzusetzen. Der Preis ist dann gerechtfertigt, wenn er den Zielen der allgemeinen Wirtschafts- und Sozialpolitik entspricht.

Der Preis soll in sozial-ethischem Sinne „gerecht" sein — nicht nur im Hinblick auf das tauschende Individuum, sondern bezogen auf die Ziele des Ganzen. Der Preis muß „gerechtfertigt" sein vor den Zielen, die der gesamten Wirtschaft gegeben werden.

Diese Ziele und diejenigen, die sie setzen, ändern sich im Laufe der Jahrhunderte grundlegend, die Forderung bleibt. Der gerechte Preis hat somit neben der wirtschafts-ethischen eine wirtschaftspolitische Dimension.

Das Problem, einen gerechten Preis in der Praxis festzusetzen, besteht also darin, daß er zwei unterschiedliche Komponenten berücksichtigen muß: die sozialethisch-gesamtwirtschaftliche und die individuelle. Letztere ist von Philosophen und Theologen deutlich hervorgehoben worden: Der Preis soll „Arbeit und Kosten" des Produzenten decken. An dem Widerspruch zwischen beiden Zielsetzungen sind die Preisregulierungen realiter meist gescheitert.

Das Zinsverbot ist der zweite bedeutende Gegenstand mittelalterlicher Überlegungen zum wirtschaftlichen Leben. Es geht auf zwei Wurzeln zurück: auf die antike Philosophie und auf die Bibel.

In der antiken Philosophie ist es verknüpft mit der Mißachtung des Handels und der Geldgeschäfte. Hierbei ist besonders zu erinnern an Plato und Aristoteles.

Die biblische Wurzel geht auf Mose zurück (5. Mose 23, 20 bis 21):

Von deinem Volksgenossen darfst du keinen Zins nehmen, weder für Geld noch für Lebensmittel noch für irgend etwas, das man gegen Zinsen verleiht. Von Ausländern darfst du Zinsen fordern. Von deinen Volksgenossen aber darfst du keine Zinsen nehmen, damit dich der Herr, dein Gott, segnet bei all deinen Werken . . .

und bei Lukas (6, 27—36):

Wer dich bittet, dem gib. Welches Verdienst habt ihr, wenn ihr nur denen gebt, von denen ihr das Geliehene zurückzuerhalten hofft? . . . Tut Gutes und leiht, ohne etwas zurückzuerwarten.

Die Kirchenväter, sowohl der sogen. „östlichen" wie der lateinischen Kirche, vertraten das Zinsverbot sehr energisch. Die frühe christliche Kirche folgte den Grundsätzen der Kirchenväter. Zunächst wurde den Klerikern das Zinsnehmen verboten, dann wurde das Verbot auf alle Christen ausgedehnt. Das Konzil von Nicäa (325) differenzierte die Kirchenstrafen je nachdem, ob Kleriker oder Laien Zinsen genommen hatten.

Im Kirchenrecht wird das Zinsverbot verankert; das „Wucherverbot" wird zum Mittelpunkt der ökonomisch relevanten Bestimmungen des kanonischen Rechts. Das kanonische Zinsverbot steht dabei in engem Zusammenhang mit der Forderung nach Preisgerechtigkeit — es wendet sich gegen ein ungerechtfertigtes Entgelt für ein Darlehn.

Mit dem Verfall des Römischen Reiches gelang es dem Klerus nach und nach, den Geltungsbereich des Verbotes zu erweitern. So sehen die Kapitularien KARLS des Großen und die Konzilsbeschlüsse des 9. Jahrhunderts das Zinsverbot für Geistliche und für Laien vor. Auf dem Konzil von Tours (1170) wird das Verbot des Zinsnehmens bekräftigt. Mit dem Erlaß GREGORS IX aus dem Jahre 1263 erreicht diese Entwicklung ihren Höhepunkt.

Interessant ist, daß das Zinsverbot den Gläubigen von der lateinischen Kirche eingeschärft wurde, als sich — vor allem in Italien — die Geldwirtschaft ausbreitete. Es ist also irrig zu behaupten, das Zinsverbot sei Ausdruck eines naturalwirtschaftlich orientierten Zeitalters.

Jedoch befand sich die katholische Kirche in einem Zwiespalt: Als geistliche Macht verurteilte sie etwas, was sie als Trägerin weltlicher Macht selbst praktizierte. Die römische Kurie und die geistlichen Fürsten brauchten Geld und gaben Zinsen für die aufgenommenen Darlehen — wenn auch in vielfach verschleierten Formen.

Infolge ihres immer komplizierter werdenden Finanzsystems war die Kirche auf die Hilfe der Kaufleute angewiesen. Gerade die mannigfaltigen Geldüberweisungen aus der ganzen Christenheit nach Rom haben dazu beigetragen, daß aus der italienischen Kaufmannschaft mächtige internationale Bankiers hervorgehen konnten.

Je stärker Handelsverkehr und Geldwirtschaft sich entwickelten, desto erfolgreicher suchte die Wirtschaft nach Wegen, um das Zinsverbot zu umgehen. Es bildeten sich zahlreiche Ausnahmen vom Zinsverbot heraus, u. a. der Diskont. Dieser Wechselzins war nach kanonischem Recht nicht verboten; man sah ihn als Entgelt für ersparte Arbeit und vermiedene Risiken des Geldtransportes an: Der Wechsel war ein Instrument, um Geldtransporte durch Forderungsabtretungen zu ersetzen, somit galt der Wechselzins als eine „Entlohnung für den Ersatz des Geldtransportes".

Eine weitere allgemein praktizierte Ausnahme war der Rentenkauf („Rente" bedeutet: regelmäßiger Ertrag von Grund und Boden), eine Form von Darlehn gegen Zinsen, die in den mittelalterlichen Städten praktiziert wurde. Der Darlehnsgläubiger erhielt die Erträge eines Hauses oder Grundstücks.

Da die Kaufleute immer neue Wege fanden, das Zinsverbot zu umgehen, ergab sich für die Theologen die Notwendigkeit, das Zinsverbot theologisch und philosophisch zu untermauern. So entwickelte sich eine „Lehre vom Wucher", deren Umfang den der Lehre vom gerechten Preis noch übersteigt.

Im Zusammenhang mit der Lehre vom gerechten Preis und mit den Erörterungen zum Zinsverbot entstand im späten Mittelalter auch eine Geldlehre, da die zahlreichen Münzverschlechterungen die Frage nach dem Wert des Geldes und nach seinen Funktionen in den Mittelpunkt rückten.

4. Die Schriftsteller der Zeit und ihr Beitrag zu ökonomisch relevanten Fragen

Albertus Magnus (1193—1280) kommentierte die Werke des Aristoteles. Sein wichtigster Beitrag zur Wirtschaftslehre sind seine Gedanken über den Wert der Güter; dabei lehnt er sich eng an Aristoteles an.

Seine Betrachtung geht vom Naturaltausch aus. Albertus Magnus betont, daß der Wert der Waren sich nach dem Bedürfnis des Käufers richte. Seine Gedankenführung geht jedoch weiter als die des Aristoteles, da er auch die Arbeit berücksichtigt, indem er erklärt, daß gleiche Mengen von Arbeit und Kosten gegeneinander ausgetauscht werden müßten. Zwar sind auch nach seiner Überzeugung die Bedürfnisse ein Wertmesser für den gerechten Preis, doch muß dieser die Rohstoffkosten und die aufgewendete Arbeit mit berücksichtigen.

Werke:

Opera omnia (unvollst.). Hrsg. von A. Borgnet. 38 Bde. Paris 1890—99. Auszüge in deutscher Übersetzung in: K. Diehl u. P. Mombert, Ausgewählte Lesestücke zum Studium der Politischen Ökonomie. Bd. IV. Karlsruhe 1912. Eine neue kritische Gesamtausgabe in 40 Bdn. wird durch das Albertus Magnus Institut besorgt: Opera Omnia. Münster 1951 ff.

Über Albertus Magnus:

Darstellungen der *Gedanken Alberts* finden sich bei E. SCHREIBER (Die volkswirtschaftlichen Anschauungen der Scholastik seit Thomas von Aquin. Jena 1913) und H. G. SCHACHTSCHABEL (Der gerechte Preis).

Eine *Biographie* mit ausführlicher Würdigung seiner Bedeutung für Philosophie und Theologie unter Berücksichtigung der hier interessierenden Ausführungen gibt: A. SCHNEIDER, Albertus Magnus, sein Leben und seine wissenschaftliche Bedeutung. Köln 1927.

THOMAS VON AQUINO (1225—1274) stammte aus Süditalien. Gegen den Wunsch seiner Familie trat er in den Dominikanerorden ein; er studierte 1245 in Köln unter ALBERTUS MAGNUS, 1245 in Paris und 1248 wiederum in Köln. 1265 war er Lehrer an der Ordensschule in Rom, 1267—71 Professor in Paris. Von 1272 bis zu seinem Tode lehrte THOMAS an der Universität Neapel. THOMAS wurde von der katholischen Kirche 1326 heilig gesprochen. Er ist *der* mittelalterliche Theologe, der den größten Einfluß auf die philosophisch-theologische Lehre der katholischen Kirche gehabt hat.

Die philosophischen Gedankengänge des ARISTOTELES waren im 12./13. Jahrhundert im Abendland wieder bekannt geworden. THOMAS bemüht sich, die christliche Tradition mit der Philosophie des ARISTOTELES zu verbinden.

Als erster mittelalterlicher Theologe trennt THOMAS VON AQUINO scharf Glauben und Wissen. Seine Ethik basiert auf der Unterscheidung von lex divina, lex naturalis und lex positiva, dem Unterschied zwischen dem göttlichen Gesetz, dem Naturgesetz und der Gesetzgebung des Staates und der Völker.

THOMAS verbindet die aristotelische Tugendlehre mit der von den Kirchenvätern übernommenen christlichen Haltung. Er benutzt auch — allerdings kritisch — neuplatonische Gedankengänge. Tugend — nach THOMAS — besteht im Einhalten der Vernunftordnung, die Ausdruck des geschöpflichen Seins ist und in ihrer Zielrichtung dem göttlichen Gesetz entspricht.

Im Kommentar zu ARISTOTELES' ›Politik‹ unterstreicht THOMAS VON AQUINO den Vorrang der Person vor der Sache (im weitesten Sinne — alles Geschaffene außer den Menschen umfassend); dies bezieht sich auch auf ökonomische Tatbestände: Der Mensch ist Herr über die gesellschaftlichen und wirtschaftlichen Systeme. Die staatliche Gemeinschaft mit dem Ziel des Gemeinwohls ist Ausdruck der natürlichen Ordnung. Ihre Autorität stammt nicht von der Kirche, sondern gründet im natürlichen Sittengesetz. Auch Ehe und Privateigentum sind im wesentlichen entsprungen aus natürlichen und göttlichen Gesetzen und daher nicht von der Willkür staatlicher Gesetze abhängig.

THOMAS sieht die Notwendigkeit, Handel zu treiben, um die Bedürfnisse der Menschen zu befriedigen. Er verurteilt prinzipiell nur jenes Gewinnstreben, das die Allgemeinheit oder den Schwächeren schädigt. Der Großhandel wird nicht mehr, wie noch bei AUGUSTINUS, klar abgelehnt, da die wirtschaftliche Entwicklung weiter fortgeschritten ist. Aus sittlichen und politischen Gründen hat die Selbstversorgung den Vorrang. Doch muß es auch Kaufleute geben, die Mangel und Überschuß an den verschiedenen Orten ausgleichen. Ihre Zahl muß im richtigen Verhältnis zur Gesamtbevölkerung stehen. Warenaustausch und Bedarfsdeckung sind ehrenhafte Aufgaben des Kaufmanns. Er darf verbesserte Waren teurer verkaufen und seine Aufwendungen (u. a. für den Transport) hinzurechnen.

In der ›Summa theologiae‹ findet die Lehre vom gerechten Preis ihre höchste Entfaltung. Nach THOMAS läßt sich die Verwirklichung des ethisch-religiösen Postulats nur innerhalb eines organischen Ganzen erreichen. Der aus der arbeitsteiligen Wirtschaft hervorgegangene Tausch hat einen Zweck im Gesamtganzen zu erfüllen. Maßgebend für die Funktion des Tausches ist das Äquivalenzprinzip. Hier spielt die vom Begriff der „distributiven Gerechtigkeit" beeinflußte Stellung der Produzenten innerhalb der Gesellschaft eine entscheidende Rolle. Nicht nur die personelle und sachliche Qualifikation des Produzenten bestimmt den Wert eines Produkts, sondern auch die funktionelle Bedeutung des produzierenden Standes innerhalb der Gemeinschaft. Die so entstandenen verschiedenen Qualitäten der Güter können nur der Quantität nach ausgetauscht werden. Ausschlaggebend für die Feststellung der Quantität sind vor allem die Faktoren Arbeit und Kosten.

Nach THOMAS gibt es zwei Arten der Gerechtigkeit (hier lehnt er sich wieder an ARISTOTELES ›Nikomachische Ethik‹ an):

1. Die distributive Gerechtigkeit (iustitia distributiva). Sie regelt das Verhältnis des Ganzen zum Einzelnen, ihre Aufgabe ist, das Gemeinsame nach einem bestimmten Verhältnis zu verteilen. Bei der distributiven Gerechtigkeit geschieht die Zuteilung nach der Bedeutung, den ein Teil für das Gesamtganze hat. Hat eine Person mehr Bedeutung für das Gemeinwesen als andere, so ist auch ihr sachlicher Anteil am Besitz des Gemeinwesens größer.

2. Die kommutative Gerechtigkeit (iustitia commutativa). Sie ordnet das Verhältnis der Teile zueinander, d. h. die Beziehungen des Einzelnen zum Einzelnen. Bei der Erklärung der kommutativen Gerechtigkeit nennt THOMAS Kauf und Verkauf als Beispiele. Beim Tausch Sache gegen Sache muß ein Gleichgewicht hergestellt werden. Hier bezieht sich das Prinzip der Gerechtigkeit auf die Besitzveränderung, die zwischen zwei Personen abgewickelt wird.

Der Tausch muß in einer arbeitsteiligen Wirtschaft einen Zweck im Gesamtganzen erfüllen. Jede Tauschhandlung steht nicht für sich allein, sondern wirkt sich in der Gesellschaft aus. Maßgebend für die Funktion des Tausches im gesellschaftlichen Ganzen ist die Wertgleichheit, das sogenannte Äquivalenzprinzip. Bestimmungsgründe der Wertgleichheit sind wiederum die Faktoren Arbeit und Kosten.

Die Arbeitsleistung schätzt Thomas, im großen Unterschied zu Aristoteles, als Bestimmungsmoment für den gerechten Preis hoch ein; hier baut er die Lehren der Kirchenväter aus. Unter „Kosten“ sind im wesentlichen die Rohstoffkosten zu verstehen. Diesem Faktor widmet Thomas nicht viel Aufmerksamkeit; er geht dabei wohl aus von den Produktionsbedingungen der Handwerker, bei denen die Rohstoffe meist durch die Zünfte beschafft wurden.

Die kommutative Gerechtigkeit wird verletzt, wenn Preis und Warenwert nicht übereinstimmen. Eine Ware darf aber teurer verkauft werden, wenn jemand ihrer dringend bedarf und wenn dem Verkäufer durch die Hingabe ein Schaden entsteht.

Bei der Bestimmung des Preises berücksichtigt Thomas also auch die Bedürfnisse (wie Aristoteles). Dies bietet allerdings keinen Ansatzpunkt dafür, Thomas zu den Vertretern der subjektiven Werttheorie zu rechnen. Im frühen Mittelalter waren die ökonomischen Voraussetzungen für solche Überlegungen nicht gegeben, und kaum ein Scholastiker dürfte sich die Frage nach den subjektiven oder objektiven Komponenten der Preisbildung gestellt haben. Es handelt sich hier vielmehr um den „appetitus naturalis“, um die Auswirkungen der gottgegebenen Natur des Menschen.

Der Wert muß nach einem einheitlichen Maßstab gemessen werden können, und zwar durch das Geld, dessen Bedeutung in seiner Stabilität und in der Vertretungsmöglichkeit für andere Güter liegt (Thomas berücksichtigt nicht Änderungen des Geldwertes). Das Geld erleichtert den Tauschverkehr; seine Funktion als Wertmaßstab ergibt sich nicht aus seiner Natur, sondern aus positivem Gesetz oder Übereinkunft.

In der Frage des Zinsverbotes lehnt sich Thomas eng an Aristoteles' ›Politik‹ an. Entscheidend ist dabei seine Auffassung vom Wesen des Geldes: Er unterscheidet Verbrauchsgüter und Nutzungsgüter. Mit der Erfüllung ihrer Funktion zur Bedürfnisbefriedigung hören die Verbrauchsgüter auf zu bestehen (z. B. Speisen). Die Nutzungsgüter dagegen bestehen auch nach der Befriedigung der Bedürfnisse materiell weiter (z. B. ein Haus — für die Nutzung des Hauses muß eine Pacht entrichtet werden, nach der Nutzung besteht das Haus weiter). THOMAS rechnet das Geld zu den Verbrauchsgütern, Geld dient dazu, eine Tauschhandlung zu ermöglichen; sein Gebrauch ist zugleich sein Verbrauch. Als Verbrauchsgut kann es aber nicht dauernd genutzt werden.

Aus dem schon von ARISTOTELES angeführten „Unfruchtbarkeitsargument" resultiert für THOMAS die strikte Ablehnung des Zinses. Dennoch sieht THOMAS das Zinsproblem nicht einfach mit einem Verbot als gelöst an. Mit der Änderung der Wirtschaftskultur, dem Vordringen der Geldgeschäfte (auch im Kirchenstaat und mit der römischen Kurie) stand die Diskussion über die sogenannten „Zinstitel" im Vordergrund. Es ging um die Rechtsgründe, aus denen das Zinsnehmen erlaubt sein sollte.

Mit der Frage der Zinstitel hat sich THOMAS eingehend beschäftigt; er anerkennt vier legitime Gründe für das Zinsnehmen: 1. möglicher Schaden bei der Ausleihe (damnum emergens); 2. entgangener Gewinn (lucrum cessans); 3. versäumte Rückgabetermine; 4. Beteiligung an einem kaufmännischen Unternehmen (societas).

In der Berücksichtigung dieser Zinstitel findet sich schon ein Ansatz für die Erkenntnis von der Produktivität des Kapitals. Die Fälle, in denen THOMAS das Zinsnehmen erlaubt, öffneten nicht nur Möglichkeiten zur Umgehung des Zinsverbotes, sondern bilden die Grundlage für seine Aufhebung.

THOMAS VON AQUINO behandelt auch die Frage der Lohnfestsetzung. Er sieht sie als Sonderfall des gerechten Preises. Juristisch ist für THOMAS der Lohnvertrag (entsprechend dem römischen Recht) ein Mietvertrag. Der Arbeiter überläßt dem Arbeitgeber seine Arbeitskraft zur Nutzung; dies trifft auf alle Arten von Arbeit zu. Wie beim Tausch besteht auch beim Lohn die Gerechtigkeit in der Entsprechung von Leistung und Gegenleistung. Entscheidend ist die Qualifikation der betreffenden Personen im Gesamtganzen, ihr „Stand" in der Gesellschaft. Bei der Bemessung der Lohnhöhe hat man von der Annahme auszugehen, daß jeder Stand ein bestimmtes Einkommen bedingt. Und der Lohn eines Arbeitnehmers ist dann gerecht, wenn er dem standesgemäßen Einkommen entspricht.

Hervorzuheben ist in diesem Zusammenhang, daß THOMAS die ständische Ordnung nicht in Frage stellt. Sie ist für ihn Teil der göttlichen Ordnung der Welt.

Angelpunkt der Thomistischen Ausführungen über Staat und Wirtschaft ist der aristotelische Naturbegriff: Der Mensch ist von Natur aus ein politisches und soziales Geschöpf. Das Leben in der Gesellschaft ist für ihn notwendig. Der Mensch kommt hilfloser zur Welt als die Tiere: unbekleidet und unbewaffnet. Dafür hat ihm die Natur die Hände und die Sprache gegeben. Damit kann er für sich sorgen— allerdings braucht er dabei die Unterstützung durch andere.

Die erste Gemeinschaft, der er begegnet und ohne die er nicht leben könnte, ist die Familie — ihre Aufgabe ist die Erhaltung des Einzelnen und der Art. Deshalb ist die Kunst des Haushaltens wie sie ARISTOTELES erklärt, unerläßlich für die Gesellschaft. Die Familie kann aber nicht alle materiellen Güter bereitstellen, die der Mensch für seine Ernährung und seinen Schutz braucht; dies kann nur die Gesellschaft. Der Einzelne braucht die Gemeinschaft auch für die Entfaltung seiner sittlichen Kräfte.

Hierin folgt THOMAS ARISTOTELES; er geht aber weiter und baut in das aristotelische Gedankengebäude den christlichen Begriff von Gott als oberstem Gesetzgeber ein: Das optimale politische System ist nicht das Werk von Menschen, sondern Gottes. Diese Gedanken werden besonders deutlich im Kommentar zur ›Nikomachischen Ethik‹ in dem THOMAS scharf zwischen Ethik und Politik trennt, und in dem er die von ARISTOTELES aufgeführten Tugenden mit Bezug auf eine göttliche Ordnung systematisiert.

In der ›Summa theologiae‹ wird dieser Gedanke fortgeführt; THOMAS verläßt die aristotelische Klassifikation und wendet sich im Rahmen platonisch-stoischer Gedanken einem vereinfachten Schema zu, das alles moralische Handeln auf vier Grundtugenden zurückführt. Für den ökonomisch handelnden Menschen sind die Tugenden des Maßes und der Gerechtigkeit ausschlaggebend.

Der Unterschied zwischen THOMAS und ARISTOTELES wird bei der Frage nach der Unveränderlichkeit der Normen deutlich: Während ARISTOTELES in der ›Nikomachischen Ethik‹ sagt, alles natürliche Recht sei veränderbar, unterscheidet THOMAS sowohl in seinem Kommentar wie in der ›Summa theologiae‹ zwischen den primären Normen, die für alle Menschen zu allen Zeiten gelten, und den sekundären Normen, die der Veränderung durch die sich wandelnde Umwelt unterliegen.

Nur in dieser zweiten Kategorie gilt die Erkenntnis, daß nicht alle Menschen zum gleichen Maß von Tugend und Vollkommenheit befähigt sind. Daher muß ein moralisches Prinzip, das unerreichbare und von daher unvernünftige Forderungen an Einzelne oder Gruppen stellt, so verändert werden, daß es der Situation entspricht, auf die es angewendet werden soll.

Werke:

Das Werk des THOMAS VON AQUINO umfaßt 79 Schriften. Für die Thomistische Soziallehre sind vor allem die beiden ›Summen‹ bedeutsam:

Die Deutsche Thomas-Ausgabe. Vollst., ungek. deutsch-lat. Ausgabe der Summa Theologiae. Hrsg. v. Albertus-Magnus-Akademie. Walberberg b. Köln. Heidelberg, Graz, Wien, Köln 1934 ff. Teilabdruck aus der ›Summa theologiae‹ in: K. Diehl u. P. Mombert, Ausgewählte Lesestücke zum Studium der Politischen Ökonomie. Bd. VIII. Karlsruhe 1913, 2. Aufl. 1920.

Summa contra gentiles. (Summe gegen die Heiden.) Lat. u. deutsch. Hrsg., übers. u. bearb. von K. Albert u. P. Engelhardt. 4 Bde. Darmstadt 1974 ff.

Ausgewählte Schriften zur Staats- und Wirtschaftslehre des Thomas von Aquino. Neue Übertr. u. Anm. u. eine krit. Einführung von F. Schreyvogel. Jena 1923.

Bibliographie:

Bibliographie thomiste. Hrsg. von M. D. Chenu. Paris 1960.

Die *ökonomisch relevanten* Gedanken THOMAS' finden sich in unterschiedlichen Zusammenhängen. Sie bilden kein geschlossenes System. Schriften, die sich nur mit wirtschaftlichen Fragen beschäftigen, hat THOMAS VON AQUIN nicht hinterlassen.

Über Thomas:

M. Grabmann, Die Philosophie des Heiligen Thomas von Aquin in ihren Grundgedanken dargestellt. Nürnberg, Bamberg, Passau 1946.

M. Grabmann, Die Werke des hl. Thomas von Aquin. Münster 1949. Nachdruck 1967.

M. Grabmann, Thomas von Aquin. Persönlichkeit und Gedankenwelt. Eine Einführung. 8. Aufl., München 1949.

Die Darstellungen über THOMAS VON AQUIN im hier interessierenden Zusammenhang sind fast unübersehbar, da ja nicht nur die Werke von Ökonomen, sondern auch philosophische und theologische Schriften erwähnenswerte Beiträge enthalten.

Zu wirtschaftlich relevanten Fragen im allgemeinen:

H. Contzen, Thomas von Aquin als volkswirtschaftlicher Schriftsteller. Leipzig 1861.

W. Endemann, Studien in der romanisch-kanonistischen Wirtschafts- und Rechtslehre bis gegen Ende des 17. Jh. 2 Bde. Berlin 1883.

F. Walter, Das Eigenthum nach der Lehre des hl. Thomas von Aquin und des Socialismus. Freiburg/Brsg. 1895.

M. Maurenbrecher, Thomas von Aquinos Stellung zum Wirtschaftsleben seiner Zeit. Diss. Leipzig 1898.

F. Schaub, Der Kampf gegen den Zinswucher, ungerechten Preis und unlauteren Handel im Mittelalter. Freiburg/Brsg. 1905.

K. Müller, Die Arbeit. Nach den moral-philosophischen Grundsätzen des hl. Thomas von Aquin. Diss. Freiburg/Schw. 1913.

H. Lutz, Die Eigentumsfrage im modernen Katholizismus. Erörterungen der Naturrechtslehre des Thomas von Aquin. Bielefeld 1936.

In dogmenhistorischem Zusammenhang interessieren vor allem die Gedanken über das Zinsverbot und über den gerechten Preis.

Zur Frage des Zinses:

G. Steuer, Studien über die theoretischen Grundlagen der Zinslehre bei Thomas von Aquin. Stuttgart 1936.

Zum gerechten Preis:

R. Kaulla, Die Lehre vom gerechten Preis in der Scholastik. In: Zeitschr. f. d. ges. Staatswiss. 1904.

L. Ruland, Die moraltheologische Lehre vom gerechten Kaufpreis. Würzburg 1923.

Im Zusammenhang mit dem „gerechten Preis wird die Frage diskutiert, ob THOMAS VON AQUIN als Vertreter der objektiven oder der subjektiven Wertlehre anzusehen ist.

Als *Vertreter der subjektiven Wertlehre* wird THOMAS angesehen von:

E. Schreiber, Die volkswirtschaftlichen Anschauungen der Scholastik seit Thomas von Aquin. Jena 1913.

J. Biederlach, Zur Gesellschafts- und Wirtschaftslehre des heiligen Thomas. In: Zeitschr. f. kath. Theologie 1896.

H. Pesch, Lehrbuch der Nationalökonomie. 4 Bde. Freiburg/Brsg. 1922—25.

Als *Vertreter der objektiven Werttheorie* bezeichnen THOMAS:

W. Hohoff, Die Werttheorie des hl. Thomas von Aquin. In: Monatsschrift f. christl. Sozialreform 1893.

S. Hagenauer, Das „iustum pretium" bei Thomas von Aquin, ein Beitrag zur Geschichte der objektiven Werttheorie. Diss. Frankfurt/M. 1931. In: Beihefte zur Vierteljahrschr. f. Sozial- u. Wirtschaftsgeschichte 1931.

Die Gedanken THOMAS VON AQUINS *über Staat und Gesellschaft* haben eine große Bedeutung für die Entwicklung ökonomisch relevanten Denkens und Handelns in den folgenden Jahrhunderten. Einige Werke hierzu seien genannt:

H. Contzen, Zur Würdigung des Mittelalters mit besonderer Beziehung auf die Staatslehre des hl. Thomas von Aquino. Kassel 1870.

O. Schilling, Die Staats- und Soziallehren des hl. Thomas von Aquin. 2. wesentl. verm. u. verb. Aufl., München 1930.

THOMAS' Gedanken über Wirtschaft und Gesellschaft gründen in seinen philosophischen Anschauungen. Darum seien noch einige Arbeiten *über die Ethik* bei THOMAS VON AQUIN aufgeführt:

J. Pieper, Die ontische Grundlage des Sittlichen nach Thomas von Aquin. Münster 1929.

M. Wittmann, Die Ethik des hl. Thomas von Aquin. Berlin 1933.

W. Kluxen, Philosophische Ethik bei Thomas von Aquin. Mainz 1964.

BONAVENTURA (Johannes Fidanza, 1211—1247) begründet die Notwendigkeit des Tausches mit der vollen Bedürfnisbefriedigung des Einzelnen. Die Forderung nach Gerechtigkeit und Wertgleichheit beim Tausch fehlt bei ihm. Er erklärt, ein zu empfangendes Gut werde in seinem Wert vom Empfänger höher eingeschätzt als dasjenige, das er zum Tausch gebe. Die Bedeutung von Arbeit und Kosten für den Preis wird nur oberflächlich gestreift.

Werke:

Opera omnia. Ad Claras Aquas. 10 Bde. 1882—1902.

Itinerarium mentis in Deum. Pilgerbuch der Seele zu Gott. De reductione artium ad theologiam. Die Zurückführung der Künste auf die Theologie. Lat.-deutsch. Übers. u. erl. von J. Kaup. 2. Aufl., München 1975.

Über Bonaventura:

Die Gedanken BONAVENTURAS werden dargestellt bei SCHREIBER (Die volkswirtschaftlichen Anschauungen der Scholastik) und SCHACHTSCHABEL (Der gerechte Preis).

HEINRICH VON GENT (1217—1290) meint ebenfalls, der Tausch sei auf den Wunsch des Einzelnen nach Bedürfnisbefriedigung zurückzuführen. Zwar ist seiner Ansicht nach auch der Nutzen eines Gutes für den Einzelnen maßgebend für die Wertbestimmung, jedes Gut aber hat einen normalen Wert, der durch den Preis nicht genau, sondern nur annähernd wiedergegeben werden kann. HEINRICH vertritt die klassische Lehre, berücksichtigt jedoch den Stand der wirtschaftlichen Entwicklung und übernimmt teilweise die Lehren von CHRYSOSTOMUS und AUGUSTINUS. In seiner Stellungnahme zum Handel beruft er sich auf CHRYSOSTOMUS. Es dürfe teurer ver- als eingekauft werden, wenn eine Wertänderung stattgefunden habe, die durch Arbeit, Marktdispositionen oder Aufbewahrung für Zeiten des Mangels bedingt sein könne. Diese Überlegung kollidiert mit dem kanonischen Recht, welches den Ankauf von Nahrungsmitteln verbietet, wenn diese erst in Zeiten der Teuerung zu höherem Preis verkauft werden sollten.

Werke:

Summa quaestionum ordinarium. Paris 1520.

Quodlibeta. Paris 1518, Venedig 1608 u. 1613. Nachdruck der Ausgabe Paris 1518 in Vorbereitung.

Über Heinrich von Gent:

Die ökonomisch relevanten Gedanken HEINRICHS VON GENT werden erwähnt bei SCHREIBER (Die volkswirtschaftlichen Anschauungen der Scholastik), SCHACHTSCHABEL (Der gerechte Preis) und KAULLA (Geschichtliche Entwicklung der modernen Werttheorien).

JOHANNES DUNS SCOTUS (1265—1308) betont in seinen Betrachtungen zum gerechten Preis stärker die subjektiven Momente: Gütertausch kommt dadurch zustande, daß jeder Tauschpartner das Gut des anderen höher bewertet als sein eigenes. DUNS SCOTUS bringt ein neues Element in die Debatte über Preis und Zins: das Prinzip der Vertragsfreiheit. Es führt ihn zu der Feststellung, Gerechtigkeit sei dann erreicht, wenn beide Partner in den Preis einwilligen. Was von beiden Partnern freiwillig akzeptiert werde, könne nicht der Gerechtigkeit widersprechen.

Seine Erörterung des Handels geht vom Risiko aus. Im Mittelalter war der Handelsverkehr von vielen Seiten bedroht: auf den langen Transportwegen durch Räuber und Naturereignisse, durch die zahlreichen und oft willkürlichen finanziellen Forderungen der Landesherren, durch die vielen in ihrem Wert stark schwankenden Währungen, um nur ein paar Beispiele zu nennen. DUNS SCOTUS leitet daraus eine Rechtfertigung des Handelsgewinnes ab als Entgelt für das Risiko und die Mühen (der Fernhändler begleitete oft den Transport seiner Waren selbst).

Für DUNS SCOTUS ist das Privateigentum Vorbedingung zur Erfüllung der Gerechtigkeit. Zu einer Gemeineigentumsverfassung sind die Menschen nicht geeignet. Die Eigentumsordnung ist rechtmäßig, wenn auch die Staatsgewalt rechtmäßig ist.

In dem Maße, in dem heute die Scholastik (auch für die katholische Theologie) an Bedeutung verliert, wird DUNS SCOTUS neu entdeckt. Mit seiner Betonung der subjektiven Seite des Güteraustausches und seinem ausgeprägten Wirklichkeitssinn erscheint er oft „moderner“ als Thomas.

Werke:

Abhandlungen über das erste Prinzip. (Tractatus de primo principio.) Hrsg. u. übers. von W. Kluxen. Darmstadt 1974.

Sententias. 4 Bde. Paris 1513.

Über Duns Scotus:

Darstellungen seiner Gedanken über *Zinsverbot* und *gerechten Preis* bei Schreiber (Die volkswirtschaftlichen Anschauungen der Scholastik), Schachtschabel (Der gerechte Preis) und Kaulla (Geschichtliche Entwicklung der modernen Werttheorien).

Johannes Buridanus (1300—1358) baute mit seinem Schüler Oresmius die Geldlehre aus. In seiner Zeit hatte die Geldwirtschaft große Fortschritte gemacht und für den Verkehr mit der römischen Kurie Bedeutung gewonnen.

Buridanus untersucht das Wesen des Geldes unter zwei Gesichtspunkten: erstens dem des Metallgehaltes, zweitens dem der Kaufkraft. Die Kaufkraft des Geldes sieht er losgelöst von dessen Substanzwert. Er weist auf die Schädlichkeit der Münzverschlechterungen hin.

Bei seinen Untersuchungen ging Buridanus von der Nachfrage nach Luxusgütern aus; da diese oft aus Gold oder Silber waren, ließ sich ein Zusammenhang zwischen der Nachfrage nach Gold und Silber für solche Gegenstände und dem Wert der Edelmetalle beobachten.

Buridanus sieht das Wirtschaftsleben bestimmt von den Bedürfnissen der Menschen — nicht der Einzelnen, vielmehr der Gesamtheit der Konsumenten. Er berücksichtigt als erster also die gesamte Nachfrage. Er meint, daß der Marktpreis als Ergebnis von Angebot und Nachfrage der Preis sei, den die Gesamtheit der Konsumenten billige, daher könne man ihn als gerecht bezeichnen. Je größer das zu befriedigende Bedürfnis sei, desto größer sei auch der Wert des Gutes. Entscheidend sei aber nicht das individuelle, sondern das normale und allgemeine Bedürfnis, das einen Marktpreis entstehen läßt. Die Gerechtigkeit beim

Tausch ist damit gegeben, daß jeder Partner Güter tauschen kann, die ihm gefallen.

Während die anderen Scholastiker sich mit der Frage auseinandersetzten, wie der Preis bemessen werden solle, bemüht sich BURIDANUS zu zeigen, wie der Preis zustande kommt. Daher lassen sich in seinen Werken Ansätze wirtschaftstheoretischen Denkens erkennen.

Werke:

Quaestiones super X libros ethicorum Aristotelis ad nicomachum. Paris 1489. Nachdruck Frankfurt/M. 1966.

Quaestiones super octos libros politicorum Aristotelis. Paris 1513. Nachdruck Frankfurt/M. 1969.

Auszüge in deutscher Übersetzung in Diehl-Mombert, Ausgewählte Lesestücke zum Studium der Politischen Ökonomie. Bd. IV. Karlsruhe 1912.

Über Buridanus:

Die *ökonomisch* hochinteressanten Gedanken BURIDANUS' sind im deutschen Sprachraum erst bekannt geworden durch den Aufsatz von R. KAULLA, Der Lehrer des Oresmius. In: Zeitschr. f. d. ges. Staatswiss. 60 (1904).

Darauf aufbauend wird vor allem die *Geldlehre* dargestellt von: S. ALTMANN, Studien zur Lehre vom Geldwert. Diss. Berlin 1906.

BURIDANUS wird erwähnt bei SCHREIBER (Die volkswirtschaftlichen Anschauungen der Scholastik) und SCHACHTSCHABEL (Der gerechte Preis).

NIKOLAUS ORESMIUS (1323—1485), Bischof von Lisieux, war ein Schüler von BURIDANUS. In seinem ›Traktat über das Münzwesen‹ faßte er die gesamte Münzlehre der Scholastik zusammen. Er erkennt bereits die später als „GRESHAM'sches Gesetz“ bezeichnete Erscheinung.

Werke:

Tractatus de origine, natura, iure et mutationibus monetarum. Augsburg 1692; Traité de la première invention des monnaies de Nicole Oresme. De origine, natura et mutationibus monetarum. Französ.-latein. Ausg. v. L. Wolowski. Paris 1864; Deutsche Ausgabe: Traktat über Geldabwertungen. (De mutatione monetarum.) Hrsg. u. eingel. v. E. Schorer. Jena 1937.

Über Oresmius:

Die *Geldlehre* des Oresmius wurde bekannt durch die Arbeit von W. Roscher: Ein großer Nationalökonom des vierzehnten Jahrhunderts. In: Zeitschr. f. d. ges. Staatswiss. 19 (1863). Weiter fortgeführt wurde diese Untersuchung, im Anschluß an die Arbeit über Buridanus, von R. Kaulla: Die geschichtliche Entwicklung der modernen Werttheorien. Tübingen 1906.

Über *Oresmius* haben vor allem französische Ökonomen und Wirtschaftshistoriker geschrieben; einige dieser Untersuchungen sind veröffentlicht im ›Journal des Economistes‹ 1862—64.

Oresmius' Gedanken werden dargelegt bei Schreiber (Die volkswirtschaftlichen Anschauungen der Scholastik).

Bernhardin von Siena (1380—1444) stellt das Rentabilitätsdenken in den Vordergrund seiner ökonomisch relevanten Überlegungen. Er versucht, die Preisschwankungen im Zeitablauf zu erklären und zerlegt den Preis zu diesem Zweck in verschiedene Faktoren. Bernhardin sieht deutlich die Zusammenhänge zwischen Preis und Zins. Da er sich intensiv mit Rentenkauf, Staatsanleihen und Darlehen für produktive Zwecke beschäftigt, kommt er zur Unterscheidung von Zins und Profit. Bernhardin sieht auch die Notwendigkeit, den Unternehmern einen Lohn für ihre Arbeit zuzugestehen, der weder als Zins noch als Profit anzusehen ist.

Nach Bernhardin gilt das kanonische Zinsverbot nur für den „Leihzins“ an Private. Das Ausleihen an Gewerbetreibende dagegen rechtfertigt einen Anteil am Gewinn, dem „Profit“. Dieser ist bedingt durch die Teilnahme am Risiko. Profit ist also Entschädigung für die Gefahr möglichen Schadens und vom „Leihzins“ grundsätzlich zu unterscheiden.

Werke:

Sermones. (Predigten.) 5 Bde. Venedig 1745.

Über Bernhardin:

Vgl. F. X. Funk (Zins und Wucher. Tübingen 1878), Schreiber

(Die volkswirtschaftlichen Anschauungen der Scholastik), SCHACHTSCHABEL (Der gerechte Preis) und KAULLA (Geschichtliche Entwicklung der modernen Werttheorien).

ANTONIN VON FLORENZ (1389—1459) versucht eine Synthese zwischen Vertragsfreiheit und Preisfixierung.

Werk:

Summa theoligiae. 8 Bde. Florenz 1741.

Über Antonin:

Seine *ökonomisch* interessierenden Ausführungen sind ausführlich dargelegt und gewürdigt von C. ILGNER, Die volkswirtschaftlichen Anschauungen von Antonins von Florenz (1389—1459). Paderborn 1904.

Erwähnt wird ANTONIN VON FLORENZ bei FUNK (Zins und Wucher), SCHREIBER (Die volkswirtschaftlichen Anschauungen der Scholastik) und SCHACHTSCHABEL (Der gerechte Preis).

GABRIEL BIEL (1430—1495) gilt als der letzte Scholastiker. Er versucht, die Preisbildung unabhängig von den Bedürfnissen der Einzelnen zu erklären. Für die Preisbildung seien neben der Nachfrage auch objektive Maßstäbe ausschlaggebend. BIEL nennt: Materialkosten und Arbeitsmühe. Er versucht also, den Preis zunächst von den Kosten her zu erklären. Darüber hinaus bestimmt die „Seltenheit" des betreffenden Gutes, also die Angebotsmenge, den jeweiligen Preis.

Das Ziel einer von den Bedürfnissen des Einzelnen unabhängigen Preisgestaltung ist nach GABRIEL BIEL nur zu erreichen durch behördliche Preisfixierung. Die behördliche Taxierung soll sich nach der Seltenheit der Waren und nach den Kosten der aufgewandten Arbeit richten.

BIEL ist der letzte Vertreter der Lehre vom „gerechten Preis". In seinem Bemühen, darzulegen, daß der Preis auch den sozialen Nutzen berücksichtigen müsse, geht er zurück auf THOMAS VON AQUIN und ALBERTUS MAGNUS. Bei ihm treten ethische Gesichtspunkte wieder sehr stark in den Vordergrund der Argumentation.

Werke:

Gabrielis Biel Collectorium circa quattuor libros Sententiarum. Prologus et Liber primus. Auspiciis Hanns Rückert, collaborantibus Martino Elze, Renata Steiger; ediderunt Wilfridus Werbeck, Udo Hofmann. Tübingen 1973.

Gabrielis Biel Collectorium circa quattuor libros Sententiarum. Liber quarti pars prima. Auspiciis Hans Rückert, collaborantibus Martino Elze, Renata Steiger; ediderunt Wilfridus Werbeck, Udo Hofmann. Tübingen 1975.

Gabrielis Biel Canonis Misse Expositio. Ed. H. A. Oberman et W. Courtenay. 4 Bde. Wiesbaden 1963—67. (Im ersten Band dieser Ausgabe seiner geistlichen Schriften ist eine kurze Darstellung von Leben und Werk Gabriel Biels zu finden.)

Über Biel:

Da Gabriel Biel zwischen Scholastik und Humanismus steht, wird er in Abhandlungen über beide Epochen erwähnt, so in:

G. Schmoller, Zur Geschichte der nationalökonomischen Ansichten in Deutschland während der Reformations-Periode. In: Zeitschr.f. d. ges. Staatswiss. 16 (1860).

W. Roscher, Die Blüte deutscher Nationalökonomik im Zeitalter der Reformation. In: Berichte der Kgl. Sächs. Gesellschaft. Hist.-philos. Klasse. 12. 12. 1861. 13 Bde., Leipzig 1861.

W. Roscher, Geschichte der Nationalökonomik in Deutschland. München u. Berlin 1874. 2. Aufl. 1924.

H. G. Schachtschabel, Der gerechte Preis. Geschichte einer wirtschaftsethischen Idee. Berlin 1939.

Ludovicos Molina (16. Jh.), spanischer Jesuit, gehört zu den Spätscholastikern. Er baut die schon bei Thomas von Aquin anklingende Lehre aus, nach der das Privateigentum zum sekundären Naturrecht erklärt wird. Das private Eigentum sei faktisch bei allen Nationen nachweisbar, dies sei aber nicht in der natürlichen Ordnung begründet, sondern erst durch positives Recht gesetzt.

Molina könnte als Vertreter der subjektiven Wertlehre angesehen werden: Er meint, der gerechte Preis richte sich nicht nach dem der Ware immanenten Wert, sondern nach der subjektiven Wertschätzung dessen, der das Gut nachfragt. Der bei freier

Konkurrenz zustande gekommene Marktpreis kann als der gerechte Preis gelten.

Auch der Lohn richtet sich nach der subjektiven Wertschätzung der jeweils erbrachten Leistung.

Werke:

Concordia liberi arbitrii cum gratiae donis, divina praescientia, providentia, praedestinatione et reprobatione. Lissabon 1588. Krit. Ausgabe von J. Rabeneck Madrid u. Oña 1953.

Über Molina:

Wilhelm Weber, Wirtschaftsethik am Vorabend des Liberalismus. Höhepunkt und Abschluß der scholastischen Wirtschaftsbetrachtung durch Ludwig Molina S. J. (1535—1600). Münster 1959. (Schriften des Instituts für christl. Sozialwiss. der Westfälischen Wilhelms-Universität Münster.)

Wilhelm Weber, Geld und Zins in der spanischen Spätscholastik. München 1962. (Schriften des Instituts für christl. Sozialwiss. der Westfälischen Wilhelms-Universität Münster.)

5. Weiterführende Literatur zu Kapitel IV

Über die wirtschaftlich relevanten Auffassungen der Scholastiker gibt es eine Fülle zusammenfassender Darstellungen. Dabei stoßen vielfach unterschiedliche Meinungen aufeinander — nicht nur der Ökonomen gegen die Theologen, sondern auch der Ökonomen verschiedener Epochen und Schulen. Die Unterschiede lassen sich auf drei Wurzeln zurückführen: auf unterschiedliche Übersetzungen der lateinischen Texte, auf einen unterschiedlichen Stand der jeweiligen zeitbedingten volkswirtschaftlichen Theorie und schließlich auf die persönliche Stellung des Verfassers gegenüber der scholastischen Theologie und Philosophie.

Zu den Anschauungen der Scholastiker über das Wirtschaftsleben:

W. Endemann, Die nationalökonomischen Grundsätze der canonistischen Lehre. In: Jahrbücher f. Nat.-Ök. u. Stat. 1 (1863).

F. X. Funk, Über die ökonomischen Anschauungen der mittelalterlichen Theologen, Beiträge zur Geschichte der Nationalökonomie. In: Zeitschr. f. d. ges. Staatswiss. 25 (1869).

H. Contzen, Geschichte der volkswirtschaftlichen Literatur im Mittelalter. Leipzig 1869. 2. Aufl., Berlin 1872.

F. Schaub, Der Kampf gegen den Zinswucher, ungerechten Preis und unlauteren Handel im Mittelalter. Freiburg 1905.

E. Schreiber, Die volkswirtschaftlichen Anschauungen der Scholastik seit Thomas von Aquin. Jena 1913.

J. Pieper, Scholastik. Gestalten und Probleme der mittelalterlichen Philosophie. München 1960.

Zur Frage des gerechten Preises:

R. Kaulla, Die geschichtliche Entwicklung der modernen Werttheorien. Tübingen 1906.

L. Brentano, Die Entwicklung der Wertlehre. München 1908.

A. Damaschke, Geschichte der Nationalökonomie. Eine erste Einführung. Bd. I. 13. durchges. Aufl., Jena 1922.

J. B. Kraus, Scholastik, Puritanismus und Kapitalismus. München 1930.

R. Kaulla, Staat, Stände und der gerechte Preis. Wien 1936.

H. G. Schachtschabel, Der gerechte Preis. Geschichte einer wirtschaftsethischen Idee. Berlin 1939.

C. Brinkmann, Geschichtliche Wandlungen in der Idee des gerechten Preises. In: Der gerechte Preis. Schriften der Akademie für Deutsches Recht. Gruppe Wirtsch. Wiss., Nr. 1, Berlin1940.

Zum Zinsverbot:

F. X. Funk, Zins und Wucher. Tübingen 1878.

F. Schneider, Das kirchliche Zinsverbot und die kuriale Praxis im 13. Jahrhundert. In: Festgabe, enth. vornehmlich vorreformatorische Forschungen. Heinrich Finke zum 7. 8. 1904 gewidmet von seinen Schülern. Münster 1904.

F. Schneider, Neue Theorien über das kirchliche Zinsverbot. In: Vierteljahresschr. f. Sozial- u. Wirtschaftgesch. 5 (1907).

E. Salin, Kapitalbegriff und Kapitallehre von der Antike bis zu den Physiokraten. In: Vierteljahresschr. f. Sozial- u. Wirtschaftsgesch. 23 (1930).

Die beiden Arbeiten F. Schneiders eröffneten die Diskussion über das Auseinanderklaffen von kanonischem Zinsverbot und Praxis der

Kirche. Sie verbanden wirtschaftliche Forschung nicht nur mit kirchenhistorischen sondern auch mit moraltheologischen Überlegungen. Dazu:

O. Schilling, Christliche Wirtschaftsethik. 2. umgearb. Aufl., München 1954.

Zum kirchenrechtlichen Aspekt:

F. Walter, Lehrbuch des Kirchenrechts aller christlichen Confessionen. 13. veränd. u. sehr verm. Aufl., Bonn 1861.

Zur Preisfixierung im Mittelalter:

E. Kelter, Geschichte der obrigkeitlichen Preisregelung. I. Bd.: Die obrigkeitliche Preisregelung in der Zeit der mittelalterlichen Stadtwirtschaft. Jena 1935.

V. DIE REFORMATIONSZEIT

1. Der wirtschaftshistorische Hintergrund

Im ausgehenden Mittelalter kam eine Entwicklung in Gang, die das wirtschaftliche Leben grundlegend veränderte.

Nach den Pestzügen (im 14. Jahrhundert) hatte sich allgemein die Einstellung der Menschen gegenüber dem Leben gewandelt. Die Vorstellung einer verbindlichen Ordnung des Universums — und damit auch des wirtschaftlichen Lebens — trat zurück. Die Rechte des Individuums wurden stärker betont, der wirtschaftliche Erfolg wurde bewundert, das Streben nach Luxus und Macht erschien nicht mehr verwerflich.

Der Aufschwung des Handels im 15. Jahrhundert und die Entdeckungsfahrten hatten die Bedeutung unternehmerischer Initiative für die Allgemeinheit deutlicher hervortreten lassen.

Die großen Vermögen in den Städten stammten überwiegend aus dem Handel. Dies führte zu einer Erhöhung des gesellschaftlichen Ansehens der Kaufleute. Mit wirtschaftlicher Macht verbanden sich bald politischer und kultureller Einfluß des städtischen Bürgertums.

Der Geist, der die erfolgreichen, machtbewußten Einzelgänger der Renaissance beseelte, war jenem Geist diametral entgegengesetzt, aus dem das kanonische Zinsverbot und die Lehre vom „gerechten Preis“ formuliert worden waren.

Humanisten und Reformatoren mußten sich mit den gesellschaftlichen Veränderungen auseinandersetzen, die das Ende des mittelalterlichen Ständestaates anzeigten: der schwindenden militärischen, dann auch politischen und ökonomischen Bedeutung des Rittertums, den Strukturwandlungen im Handwerk, der wachsenden Bedeutung des städtischen Bürgertums.

Diese gesellschaftlichen Umwälzungen, die in den Bauernkriegen ihren blutigen Ausdruck fanden, beschäftigten insbesondere die deutschen Reformatoren. LUTHERS Stellungnahme in diesem Konflikt hat weitreichende Auswirkungen gehabt, sowohl auf die Stellung der Bauern im deutschen Territorialstaat als auch auf die Festigung der Autorität der lutherischen Fürsten.

Die geistigen Kräfte des 15. und des 16. Jahrhunderts sind charakterisiert durch das Bestreben, den im Humanismus aufbrechenden Individualismus mit der christlichen Tradition zu verbinden.

Die starken Preisschwankungen für Nahrungsmittel und die Auswirkungen der Münzverschlechterungen unterstrichen die Aktualität der Frage nach dem „gerechten Preis". Ausgangspunkt der Überlegungen waren oft die Versuche zur obrigkeitlichen Festsetzung der Preise. Zahlreiche Taxordnungen für Grundnahrungsmittel zeugen von diesem Bemühen, ebenso wie detaillierte Vorschriften über Maße und Gewichte.

Obwohl sich im 15. und 16. Jahrhundert der Übergang zur Neuzeit vollzieht, sind die Aussagen der Humanisten und Reformatoren zu ökonomischen Fragen und wirtschaftlichem Handeln noch überwiegend geprägt vom mittelalterlichen Denken. Auch für die Schriftsteller dieser Zeit läßt sich eine Geschichte der volkswirtschaftlichen Lehrmeinungen nicht aufzeichnen. Unverändert stehen ethische Fragen im Mittelpunkt der ökonomisch relevanten Überlegungen. Wie bei den Scholastikern gehen die Gedankengänge der Reformatoren von den Fragen des Zinsnehmens und des „gerechten Preises" aus. Veränderungen in Wirtschaft und Gesellschaft werden nicht systematisch untersucht, sondern bilden oft nur den Anstoß zu moralisierenden Traktaten.

2. Der geistige Hintergrund (Humanismus)

Die weltgeschichtliche Bedeutung der Reformation ist zuweilen so hoch eingeschätzt worden, daß man die Neuzeit mit LUTHERS Thesen beginnen ließ. Die Zerschlagung der mittelalterlichen Einheit der Kirche ist in der Tat ein so weitreichendes Ereignis, daß die nächsten Geschichtsperioden dadurch gekennzeichnet werden. Es erhebt sich aber die Frage, ob man nicht vielmehr die Auffassung vertreten muß, LUTHERS Thesen seien nur ein markantes Glied in einer Entwicklung, die bereits 200 Jahre vorher eingesetzt hat. Der Drang zu geistiger Freiheit, zu Unabhängigkeit von kirchlicher Bevormundung, setzt bereits im 13. Jahrhundert ein. Diese unaufhaltsame Entwicklung zu Individualismus und Nationalismus ist durch die Reformation zum Durchbruch gekommen. Die religiöse Gärung erfüllte unzweifelhaft schon das 15. Jahrhundert. Die Forderungen nach einer Reform der Kirche an Haupt und Gliedern erreichten zu Beginn des 16. Jahrhunderts ihren Höhepunkt.

Der Humanismus wandte sich neben dem Studium der Antike auch den ersten Zeugnissen des christlichen Glaubens zu und stellte die Frage nach dem wahren christlichen Leben. Deutsche Humanisten widmeten sich der deutschen Geschichtsforschung, z. B. CONRAD CELTES, JACOB WIMPHELING und ULRICH VON HUTTEN. Die bekanntesten Vertreter des deutschen Humanismus betonten jedoch das religiöse Element: REUCHLIN, ERASMUS, MELANCHTHON.

Für die Reformation bedeutsam wurden vor allem die Bibelübersetzungen. JOHANNES REUCHLIN (1455—1522) lernte nicht nur Griechisch, sondern auch Hebräisch und erschloß zum ersten Mal das alte Testament im Originaltext, wobei er starke Abweichungen von der kirchlich approbierten lateinischen Übersetzung feststellte. Alle humanistischen Gelehrten wandten sich von der scholastischen Wissenschaft ab. Die Kritik am scholastischen Denken hat ihren beredsten Ausdruck in den sogenannten ›Dunkelmännerbriefen‹ (1515 und 1517) gefunden.

Der Horizont der europäischen Gelehrten hatte sich im 14./15. Jahrhundert weit über die mittelalterliche Anschauungswelt ausgeweitet. Die deutsche Reformation war aber im wesentlichen noch eine religiöse Bewegung. Für LUTHER war die Wissenschaft nur wertvoll, soweit sie der Religion diente. Und LUTHER stand auf mittelalterlichem Boden, wenn er anstelle des Papsttums die Autorität der Bibel setzte, und wenn er die Menschen zum rechten Glauben zwingen wollte, so wie es die Kirche getan hatte. Insofern steht die Reformation auch im Gegensatz zum Humanismus und seinen Forderungen nach Freiheit.

Der Protestantismus war aber doch schließlich der Weg, auf dem sich das Neue Bahn brach. In seinem Bereich konnten sich die neuen Kräfte leichter entfalten als in den katholischen Gebieten. Verlangte die protestantische Lehre in den Ländern, in denen sie unangefochten regieren konnte, noch eine Zeitlang Rechtgläubigkeit und kirchlichen Gehorsam, so erwies sich diese Forderung doch sehr rasch als unhaltbar (z. B. in England und den Niederlanden) angesichts der Vielgestaltigkeit der protestantischen Kirchen. Freiheit der wissenschaftlichen Forschung und nationale Unabhängigkeit boten neue Bedingungen für das wirtschaftliche und politische Leben.

3. Die Schriftsteller der Zeit und ihr Beitrag zu ökonomisch relevanten Fragen

CHRISTOF CUPPENER (1466—1511) beschäftigt sich vor allem mit dem Handel. Ein gerechter Handel ist nach CUPPENER notwendig zur Erhaltung der menschlichen Gesellschaft. Ungerecht ist der Handel nur, wenn der Kaufmann von Geiz und Gewinnsucht bestimmt wird, wenn er an Feiertagen oder in der Kirche handelt, wenn er Priester oder Mönch ist. Ein aus ungerechtem Handel in diesem Sinne gezogener Gewinn muß dem Käufer zurückgegeben oder an die Armen verteilt werden. Ein angemessener, der Erhaltung des kaufmännischen Haushalts dienender Gewinn, der sich aus „Arbeit, Kosten und Gefahr“ ergibt, ist statthaft. Der dem gemeinen Nutzen dienende Handel soll obrigkeitlich gefördert werden. Ist er im Zweifel über den Wert seines Gutes, dann soll sich der Kaufmann an die öffentlichen Schätzer halten. Irren diese, dann soll er selbst den Preis gerecht festsetzen. Bei Kreditkäufen darf der Preis nicht höher sein als bei Barkäufen, doch ist bei vorzeitiger Zahlung ein Abzug vom

Preis anzuerkennen. Ausnutzen der Notlage oder der Einfältigkeit des Käufers ist verboten.

Das wichtigste Werk CUPPENERS ›Vom Wucher‹ enthält zunächst langatmige Erklärungen theologischer Begriffe wie „Unrecht" und „Sünde" unter Bezugnahme auf die Bibel und auf das kanonische Recht. Bei der anschließenden Behandlung wirtschaftlicher Fragen wird immer wieder auf die theologische Argumentation zurückgegriffen.

Werk:

Die wirtschaftlich relevanten Gedanken CUPPENERS finden sich zusammengefaßt in: Vom Wucher. Ein schönes Büchlein zu deutsch, daraus ein jeglicher Mensch, wes Standes er sei, lernen mag, was Wucher und wucherische Händel seien, auch was Recht und Unrecht, Kaufmannschaft und Händel gesein. Leipzig 1508.

Über Cuppener finden sich Ausführungen in den bereits erwähnten Werken von ROSCHER (Geschichte der Nationalökonomik in Deutschland) und SCHACHTSCHABEL (Der gerechte Preis).

CONRAD CELTES (1459—1508), Nürnberger Kaufmann, ist der erste Schriftsteller der beginnenden Neuzeit, der ökonomische Fragen unabhängig von ethischen Bezügen erörtert. Er kann als der erste Bevölkerungsstatistiker bezeichnet werden: Aufgrund der Kirchenbücher ermittelt er die Bevölkerungsbewegungen, Geburten und Sterbefälle; seine Ergebnisse kontrolliert er anhand des Getreide- und Fleischverbrauchs in den untersuchten Gemeinden. Hier liegt der erste Ansatz für eine wertungsfreie Beschreibung ökonomischer Tatbestände und ihre kritische Überprüfung vor. CELTES berichtet auch über die Bedeutung der Nürnberger Getreidemagazine in den Hungerjahren 1491/92 und von der Gesetzgebung gegen übertriebenen Luxus. Bei CELTES finden sich die ersten Hinweise auf den Übergang der Geld- und Kreditgeschäfte von Juden auf städtische Bürger.

Werke:

De origine, situ, moribus et institutis Norimbergae libellus. In: Irenicus, Franciscus: Germaniae Exegesis volumina 12. Nürnberg. Hagen 1518.

Orbis Norimbergae descriptis. 1518.

Der Briefwechsel des Konrad Celtis. Hrsg. v. H. Rupprich. München 1934.

Über Celtes:

Erwähnt wird Celtes bei H. Wiskemann (Darstellung der in Deutschland zur Zeit der Reformation herrschenden nationalökonomischen Ansichten, Preisschriften der fürstl. Jablonski'schen Gesellschaft, Leipzig 1861), Roscher (Die Blüte deutscher Nationalökonomik im Zeitalter der Reformation) und Schachtschabel (Der gerechte Preis).

Willibald Pirkheimer (1470—1530), Jurist und Nürnberger Ratsherr, galt als einer der gebildetsten Deutschen seiner Zeit. Mit den bedeutendsten Humanisten (Reuchlin, Erasmus u. a.) stand er in engem Gedankenaustausch. Er vertrat die Auffassung, an die Stelle spätscholastischer Streitigkeiten sollten humanistische Studien treten.

In zahlreichen Traktaten forderte er den Abbau von Handelsbeschränkungen und die Aufhebung des Zinsverbotes. In seinen Schriften über die Freiheit des Geldverkehrs zeigte sich seine gute Kenntnis des hochentwickelten italienischen Bankwesens. Pirkheimer ist auch als Wirtschaftshistoriker hervorgetreten. Er verfaßte eine Geschichte der deutschen Städte, in der er die Bedeutung von Nürnberg, Augsburg, Ulm, Frankfurt und Straßburg schildert.

Werke:

Eine Sammlung seiner Abhandlungen erschien 1610 in Frankfurt unter dem Titel ›Opera‹.

Über Pirkheimer:

Vgl. Wiskemann (Darstellung der in Deutschland zur Zeit der Reformation herrschenden nationalökonomischen Ansichten), Roscher (Die Blüte deutscher Nationalökonomik im Zeitalter der Reformation) und Schachtschabel (Der gerechte Preis).

Erasmus von Rotterdam (1466—1536), wohl der bekannteste Humanist, gilt auch als ein Vorläufer der Reformation:

1509 (also vor Luther) erschien eine Schrift, in der er die kirchlichen Mißstände verurteilte.

Erasmus beantwortet ökonomische Fragen noch aus ethischer Sicht: Er verurteilt den Luxus und empfiehlt, die Reichen durch höhere Steuern zu belasten. Für die Christen fordert er Kollektiveigentum nach dem Muster der Urgemeinde.

In seinem Buch ›Lob der Torheit‹ rechnet Erasmus mit den Schwächen und Lastern seiner Zeit ab. Er geht von ethischen Maßstäben aus und wendet sich gegen die Verteuerung der Lebensmittel durch Steuern und Zölle. Zugleich geißelt er die Gewinnsucht der „Monopolisten und Spekulanten", die er recht einseitig zeichnet.

Werke:

Erasmus-Studienausgabe. Lat. u. deutsch. 8 Bde. Hrsg. von W. Welzig. Darmstadt 1967 ff.

Über Erasmus:

G. Schmoller, Zur Geschichte der nationalökonomischen Ansichten in Deutschland während der Reformations-Periode. In: Zeitschr. f. d. ges. Staatswiss. 16 (1860).

R. B. Drummond, Erasmus, his life and character. 2 Bde. London 1873.

G. Faludy, Erasmus von Rotterdam. Frankfurt/M. 1973.

Vgl. hierzu ferner Wiskemann (Darstellung der in Deutschland zur Zeit der Reformation herrschenden nationalökonomischen Ansichten), Roscher (Geschichte der Nationalökonomik in Deutschland) und Schachtschabel (Der gerechte Preis).

Ulrich von Hutten (1488—1523) glorifiziert die Sparsamkeit und das einfache Leben, erklärt, Ackerbau und Kriegsdienst seien die einzigen Beschäftigungen, die eines ehrenhaften Mannes würdig seien, und wendet sich dementsprechend gegen Luxus und Erwerbsstreben.

Hutten erkennt zwar an, daß nicht alle Kaufleute unehrlich sind, bezeichnet sie aber als schädlich, da sie das Volk zu Genußsucht und Weichlichkeit verführen. Die großen Kaufmannsfamilien, insbesondere die Fugger und die Medici, sind für ihn Betrüger, die energisch bekämpft werden müssen. Da Macht und Reichtum der Kaufleute durch den Zins vermehrt werden, lehnt HUTTEN den Zins ab.

Werke:

Ulrichi Hutteni equitis Germani Opera quae reperiri potuerut omnia. Hrsg. von E. Böcking. 7 Bde. Leipzig 1859—70.

Deutsche Schriften. Hrsg. von F. Szamatolski. Straßburg 1891; Deutsche Schriften. Hrsg. und mit Anm. vers. von P. Ukena. München 1970.

Über Hutten:

Vgl. WISKEMANN (Darstellung der in Deutschland zur Zeit der Reformation herrschenden nationalökonomischen Ansichten), ROSCHER (Geschichte der Nationalökonomik in Deutschland) und SCHACHTSCHABEL (Der gerechte Preis).

THOMAS MÜNZER (1489—1525) tritt für die Ideale des Gemeineigentums ein, die er in Predigten verbreitet und in den Satzungen der von ihm gestifteten christlichen Brudergemeinden verankert. Er hielt das Gemeineigentum für ein göttliches Gebot. Da alle Appelle an die Einsicht der Reichen und Mächtigen vergeblich seien, müsse man versuchen, dieses Ziel mit Gewalt zu erreichen.

Werke:

Revolution als Glaube. Eine Auswahl aus den Schriften Thomas Münzers und Martin Luthers zur religiösen Revolution und zum deutschen Bauernkrieg. Hrsg. von M. Freund. Potsdam 1936.

Politische Schriften. Hrsg. mit Kommentar von C. Hinrichs. Halle 1950.

Schriften und Briefe. Krit. Gesamtausgabe. Unter Mitarb. v. P. Kirn hrsg. von G. Franz. Gütersloh 1968. (Quellen und Forschungen zur Reformationsgeschichte, Bd. 33.)

Über Münzer:

Zu MÜNZERS Ansichten *über Wirtschaft und Gesellschaft* vgl. neben WISKEMANN (Darstellung der in Deutschland zur Zeit der Reformation herrschenden nationalökonomischen Ansichten), ROSCHER (Geschichte der Nationalökonomik in Deutschland) und SCHMOLLER

(Zur Geschichte der nationalökonomischen Ansichten in Deutschland während der Reformationsperiode. Zeitschr. f. d. ges. Staatswiss. 1860), vor allem:

K. Kautsky, Die Vorläufer des neueren Sozialismus. 2 Bde. Stuttgart 1895. 7. u. 8. Aufl. Bonn—Bad Godesberg 1974—75. Darin polemisiert KAUTSKY scharf gegen die Darstellungen MÜNZERS in den Werken anderer Autoren und arbeitet die revolutionären und urkommunistischen Auffassungen MÜNZERS heraus.

Eine abgewogene Darstellung von MÜNZERS Rolle im *Bauernkrieg* gibt: O. MARX, Thomas Münzer und Heinrich Pfeifer 1523—1525. Diss. Göttingen 1889.

PHILIPP MELANCHTHON (1497—1560) berücksichtigt sehr stark die Schriften der Scholastiker; dies zeigt sich besonders in seiner Forderung nach Wertgleichheit beim Tausch der Güter. Vor allem dem Adel soll verboten werden, teurer zu verkaufen, als eingekauft worden ist; der Ritter soll nur das verkaufen, was er selbst geerntet hat.

MELANCHTHON sieht im Geld keine Ware, sondern nur ein Symbol. Das Zinsnehmen erscheint ihm unvereinbar mit der christlichen Lehre; über die Frage des Zinsverbotes müsse aber der Staat entscheiden. Hier zeigen sich schon typisch neuzeitliche Gedankengänge. Den Forderungen der Wiedertäufer nach Gütergemeinschaft stellt MELANCHTHON das Recht des Einzelnen auf Privateigentum entgegen und betont die freie Entfaltung des Individuums auch im Wirtschaftsleben.

Werke:

Corpus reformatorum. Hrsg. von C. G. Bretschneider u. H. E. Bindseil. 28 Bde. Halle 1843—60. Nachdruck 1963—64.

Philipp Melanchthon's Werke in einer auf den allgemeinen Gebrauch berechneten Auswahl. In 6 Teilen. Leipzig 1929—30.

Werke. Eine Studienausgabe. Hrsg. von R. Stupperich, H. Engelland, G. Ebeling, R. Nürnberger, H. Volz. Gütersloh 1951 ff.

Supplementa Melanchthoniana. Werke Ph. Melanchthons, die im Corpus reformatorum vermißt werden. Hrsg. v. Verein f. Reformationsgeschichte. 5 Bde. Leipzig 1910—29. Nachdruck 1967.

Über das Leben Melanchthons:

G. Ellinger, Philipp Melanchthon, ein Lebensbild. Berlin 1902.

Zu Melanchthons ökonomisch relevanten Ansichten vgl. WISKEMANN (Darstellung der in Deutschland zur Zeit der Reformation herrschenden nationalökonomischen Ansichten), ROSCHER (Geschichte der Nationalökonomik in Deutschland), SCHACHTSCHABEL (Der gerechte Preis) und SCHMOLLER (Zur Geschichte der nationalökonomischen Ansichten in Deutschland).

ULRICH ZWINGLI (1484—1531), schweizerischer Reformator, ist ebenfalls stark von den Scholastikern beeinflußt worden. Er kämpft gegen die Wiedertäufer und verurteilt deren Vorstellungen von Gütergemeinschaft; gleichzeitig fordert er eine Ablösung der bäuerlichen Lasten und eine Begrenzung des Zinsnehmens. Aus ethischen Überlegungen verurteilt er das Streben nach Luxus und Gewinn. ZWINGLI beschäftigt sich auch mit den Münzverschlechterungen und fordert, den Edelmetallgehalt der Münzen streng zu kontrollieren.

Wie HUTTEN und LUTHER sieht auch ZWINGLI ökonomische Zusammenhänge im wesentlichen unter ethischen Gesichtspunkten. Diese Einstellung beeinflußt das gesellschaftliche Leben der protestantischen Staaten in den folgenden Jahrhunderten.

Werke:

Erstausgabe. (Lat.) 4 Bde. Zürich 1533 u. 1581.

Werke. Erste vollst. Ausgabe durch M. Schuler u. J. Schultheß. Zürich 1828—41.

Bibliographie:

G. Finsler, Zwingli-Bibliographie. Verzeichnis der gedruckten Schriften von und über Ulrich Zwingli. Zürich 1897. Nachdruck 1962 u. 1968.

Über Zwinglis Bedeutung für die Wirtschaftswissenschaften vgl. E. RAMP, Die Stellung von Luther, Zwingli und Calvin zur Zins-Frage, Diss. Zürich 1949 (eine Darstellung, in der das Zinsproblem in der Zeit der Reformation ökonomisch und theologisch fundiert dargelegt wird), ferner WISKEMANN, (Darstellung der in Deutschland zur Zeit der Reformation herrschenden nationalökonomischen Ansichten), ROSCHER (Geschichte der Nationalökonomik in Deutschland), SCHACHTSCHABEL (Der gerechte Preis) und SCHMOLLER (Zur Geschichte der nationalökonomischen Ansichten in Deutschland).

MARTIN LUTHER (1483—1546) äußerte sich zu ökonomisch relevanten Fragen nur im Zusammenhang mit den Problemen, die er in seiner Umgebung vorfand oder die an ihn als Seelsorger herangetragen wurden. Seine Äußerungen sind also nicht — wie etwa bei THOMAS VON AQUIN — das Ergebnis systematischer Reflexion. Dies zeigt besonders deutlich LUTHERS Einstellung zum Zinsproblem.

Um die Wende vom 15. zum 16. Jahrhundert führten Münzverschlechterungen verschiedener Art zu inflatorischen Erscheinungen, in deren Gefolge Verschiebungen in der Vermögens- und Einkommensverteilung auftraten. Ritter, die von der in Geld zu entrichtenden Grundrente lebten, verloren ihre Existenzbasis, kleine Handwerker wurden von den großen Unternehmern aus dem Markt gedrängt. Die starke Zunahme der Bevölkerung ließ ein städtisches und ländliches Proletariat entstehen. Mit den Preisen waren auch die Zinssätze stark gestiegen, was für verschuldete Bauern, Ritter und Handwerker den Ruin bedeutete. LUTHER erklärt diese Entwicklung einseitig als Folge des Wuchers.

LUTHER läßt die erlaubten Zinstitel der Scholastik nicht gelten. Er erkennt kein „Entgelt für geleistete Dienste" oder für entgangenen Gewinn an und bezeichnet auch den Rentenkauf als Wucher. Bei der Begründung seiner Ablehnung des „Wuchers" stützt sich LUTHER auf die Bibel und die Kirchenväter. Anders als schon THOMAS VON AQUIN geht LUTHER dabei vom Darlehn für konsumptive Zwecke aus.

LUTHER bekämpft den Luxus, der nach seiner Ansicht die Geldentwertung verursacht, da wegen der luxuriösen Bedürfnisse der Reichen Gold und Silber ins Ausland abfließen.

Besonders heftig greift LUTHER die großen Handelsgesellschaften an. Er stellt fest, daß große Gesellschaften durch Unterbieten der Preise kleinere Wettbewerber ausschalten, um auf der Grundlage der so errungenen Macht den Preis in die Höhe zu treiben. Die Wirkung eines Angebotsmonopols bei unelastischer Nachfrage wird angeprangert. Nach LUTHER gehört die Bekämpfung der Monopole zum Kampf um den gerechten Preis; dieser Kampf soll nicht nur von der geistlichen, sondern vor allem von der staatlichen Macht aufgenommen werden.

Als eigentliche Motivation für den Handel sieht LUTHER die Selbstsucht der Menschen an. Der Eigennutz verdirbt die Seele; er verleitet dazu, gegen die Gemeinschaft zu handeln. Damit aber werden die Grundlagen des Staates gefährdet. Der Handel ist nach LUTHER zwar notwendig, da die Menschen nicht alle Güter, die sie brauchen, selbst produzieren können. Wenn aber der Kaufmann zu hohe Preise fordert, dann verstößt er gegen die Nächstenliebe, und sein Tun gleicht dem eines Diebes und Räubers. LUTHER wendet sich daher vor allem gegen Preiserhöhungen, die die Notlage der Käufer ausnützen. Er tritt beim Tausch für das Äquivalenzprinzip ein. Allerdings ist er sich darüber klar, daß dieses Prinzip in der Praxis schwer zu verwirklichen ist.

In der Praxis soll die Obrigkeit den Preis festlegen. Ist dies nicht möglich, soll der Kaufmann nach bestem Gewissen den Preis so festsetzen, daß der Käufer nicht übervorteilt wird. Bei seinen Aussagen zum gerechten Preis lehnt sich LUTHER sehr stark an die Lehre der Scholastik an. Der Preis soll die Arbeit, die Kosten und die Gefahren des Kaufmannes decken. LUTHER gesteht also einen angemessenen Gewinn zu, sagt aber nicht, nach welchen Maßstäben dieser ermittelt werden soll. Jedenfalls soll der Arbeitslohn im Handel nach dem Verdienst eines Tagelöhners bemessen werden.

LUTHER hebt den Wert der Arbeit hervor. Sie bedeutet nicht nur Mühsal, sondern Teilhabe an dem für Gott wesentlichen Geschehen in der Welt. Weil Gott Anspruch auf alle Bereiche des menschlichen Lebens hat, muß alle Tätigkeit vor ihm verantwortet werden.

In diesem Zusammenhang formuliert LUTHER die mittelalterliche Auffassung über die Stände neu: Die Stände sind die von

Gott gegebenen Grundordnungen des sozialen Lebens. Je nach ihrer besonderen sozialen Funktion bezeichnen sie den Ort des Dienstes für Gott an der Welt. LUTHER unterscheidet Familie und Wirtschaft, Obrigkeit, Kirche als hierarchische Ordnungen in der Gesellschaft.

Vom ständischen Denken des Mittelalters ging der Bauernkrieg aus, eine soziale Bewegung, die mit dem Schlagwort „Kampf eines Standes um sein Recht" charakterisiert wurde. Im Bestreben, ihre bedrohte wirschaftliche Existenzgrundlage zu sichern, versuchten viele Grundherren, die Lasten der Bauern zu erhöhen, ihre Rechte, insbesondere die Gerichtsherrschaft, auszudehnen und die überkommenen Rechte der Bauern einzuschränken. Die Bauern verteidigten ihre Rechte, indem sie sich auf das natürliche und auf das göttliche Recht beriefen. Hierbei wurden die Gedanken der Reformatoren zu Losungsworten umgemünzt. Aus LUTHERS theologisch gesehener „Freiheit eines Christenmenschen" wurden weltliche Rechte und Forderungen abgeleitet (z. B. Freiheit der Jagd, der Nutzung des Waldes und der Gewässer).

LUTHER erkannte zunächst die Berechtigung der bäuerlichen Forderungen an in seiner Schrift ›Ermahnung zum Frieden auf die zwölf Artikel der Bauern‹ (1525), betonte aber, daß es nach der Bibel kein Recht auf Aufstand im Namen Christi gebe. Und als die Bauern versuchten, ihre Forderungen mit dem Recht der christlichen Freiheit zu begründen, verurteilte LUTHER dies als heillose Vermengung von Weltlichem und Geistlichem.

LUTHER schreibt als Seelsorger. Er ermahnt die Bauern, der Christ solle lieber Unrecht leiden, als Gewalt anwenden. Er nimmt Stellung zu den einzelnen Artikeln der Bauern und wendet sich unter anderem gegen den dritten Artikel, der unter Hinweis auf die Erlösung durch Christus die Aufhebung der Leibeigenschaft fordert. Nach LUTHER ist dies eine veräußerlichte Auffassung, da die Taufe nicht Leib und Gut, sondern die Seele frei mache.

Nachdem THOMAS MÜNZER in Thüringen den Aufstand angefacht hatte, reiste LUTHER in die Gebiete, in denen der Kampf tobte. Was er dort erlebte, muß ein tiefer Schock für ihn gewesen sein. Aus Furcht, die Grausamkeiten könnten immer weiter um sich greifen, gab er nochmals seine ›Ermahnung‹ heraus und versah sie mit einem Anhang unter dem Titel ›Wider die räuberischen und mörderischen Rotten der andern Bauern‹, der wegen seiner einseitigen und heftigen Angriffe gegen die Bauern weitreichende Folgen haben sollte: Der Sieg der fürstlichen Macht wurde als ein Gott wohlgefälliges Werk gedeutet.

Werke:

Die umfassendste Luther-Ausgabe ist die 1883 von J. K. F. Knaake begründete Weimarer Ausgabe in 69 Bänden. Sie gliedert sich in eine chronologisch angeordnete Hauptreihe (Schriften, Predigten, Vorlesungen, Disputationen) und in drei Nebenreihen (Tischreden, Briefwechsel, Deutsche Bibel).

Zu den anderen zahlreichen Luther-Ausgaben vgl. Art. ›Luther-Ausgaben‹, in: Religion in Geschichte und Gegenwart. Bd. IV. Tübingen 1960.

Luthers ökonomisch relevante Werke sind keine systematischen Arbeiten, man kann sie eher als Gelegenheitsschriften bezeichnen. Hierzu gehören:

Kleiner Sermon vom Wucher. 1519.

Ein Sermon auf das Evangelium von dem reichen Manne und dem armen Lazarus. 1523.

Bücher von Kauffshandlung und Wucher. 1524.

An die Pfarrherrn wider den Wucher zu predigen. 1540.

Für den Ökonomen ist aber nicht nur LUTHERS Stellungnahme zum Zinsproblem interessant. LUTHERS Gedanken über die Rolle des Staates, die Obrigkeit und den Gehorsam sowie seine Schriften aus dem Bauernkrieg haben weitreichende soziale Folgen gehabt. Wesentlich erscheinen:

Ermahnungen zum Frieden auf die zwölf Artikel der Bauernschaft in Schwaben, April 1525, sowie die zweite Ausgabe dieser Schrift mit dem Anhang: Wider die räuberischen und mörderischen Rotten der andern Bauern. Mai 1525.

Darstellungen von LUTHERS sozialökonomisch interessierenden Ansichten finden sich nicht nur in dogmenhistorischen, sondern auch in wirtschaftshistorischen Werken. Darüber hinaus wird LUTHER von Sozialisten als Kritiker des Frühkapitalismus bezeichnet.

Allgemeine Darstellungen:

G. Schmoller, Zur Geschichte der nationalökonomischen Ansichten in Deutschland während der Reformations-Periode. In: Zeitschr. f. d. ges. Staatswiss. 16 (1860).

H. Wiskemann, Darstellung der in Deutschland zur Zeit der Reformation herrschenden nationalökonomischen Ansichten. Leipzig 1861.

W. Roscher, Geschichte der Nationalökonomik in Deutschland. München u. Berlin 1874.

P. Berns, Die Gesellschafts- und Wirtschaftsauffassung bei Martin Luther. Diss. Wien 1934.

H. G. Schachtschabel, Der gerechte Preis. Geschichte einer wirtschaftsethischen Idee. Berlin 1939.

Zu sozial-ethischen Fragen bei Luther:

F. Nitzsch, Luther und Aristoteles. Festschrift zum 400jähr. Geburtstage Luther's. Stuttgart 1883.

K. Kautsky, Die Vorläufer des neueren Sozialismus. Bd. I. Stuttgart 1895. 7. Aufl., Bonn—Bad Godesberg 1974.

K. Marx, Luther über den Wucher. In: Theorien über den Mehrwert. Bd. III, Anhang II. Veröff. d. K. Kautsky. Stuttgart 1910.

H. Barge, Luther und der Frühkapitalismus. Gütersloh 1951.

R. Bring, Das Verhältnis von Glauben und Werken in der lutherischen Theologie. München 1955.

C. Hinrichs, Luther und Münzer. Ihre Auseinandersetzung über Obrigkeit und Widerstandsrecht. 2. Aufl., Berlin 1962.

F. Karrenberg (Hrsg.), Evangelisches Soziallexikon. 6. Aufl., Stuttgart 1970. (Darin Artikel zur Sozialethik bei Luther.)

Zur Zinsfrage:

W. Röhrich, Dr. Martin Luther ›Von Kauffshandlung und Wucher‹. Frankfurt/M. 1896.

A. Damaschke, Geschichte der Nationalökonomie. Eine erste Einführung. Bd. I. 13. durchges. Aufl., Jena 1922.

Ch. Bohl, Luthers Stellung zu wirtschaftlichen Fragen seiner Zeit mit besonderer Rücksicht auf Handel und Zins. Diss. Jena 1925.

E. Ramp, Die Stellung von Luther, Zwingli und Calvin zur Zinsfrage. Diss. Zürich 1949.

Zu Fragen des Staates und der Obrigkeit:

F. G. Ward, Darstellung und Würdigung der Ansichten Luthers von Staat und seinen wirtschaftlichen Aufgaben. Jena 1898.

Karl Müller, Kirche, Gemeinde und Obrigkeit nach Luther. Tübingen 1910.

F. Lau, „Äußerliche Ordnung“ und „Weltlich Ding“ in Luthers Theologie. Göttingen 1933.

F. Lütge, Luthers Eingreifen in den Bauernkrieg in seinen sozialgeschichtlichen Voraussetzungen und Auswirkungen. In: Jahrbücher für Nat.-Ök. u. Stat. 158 (1943).

F. Lau, Luthers Lehre von den beiden Reichen. Berlin 1953.

Johannes Calvin (1509—1564) erkannte als erster Theologe die Bedeutung des Kapitals für die wirtschaftliche Entwicklung. Er sah auch die positiven Seiten der Entfaltung des Erwerbsstrebens, des Handels und der Kreditwirtschaft. Die Tatsache, daß er das Zinsnehmen als mit dem Christentum vereinbar ansah, hatte weitreichende Bedeutung für die Herausbildung des modernen Wirtschaftslebens.

Calvin argumentiert zugunsten des Zinses: Mit Geld könne man ein Stück Land kaufen, das einen Ertrag abwerfe. Wenn jemand das Geld in einem anderen Wirtschaftszweig anlege, so dürfe er auch hier einen Ertrag erwarten, also Zinsen fordern. Den alten aristotelischen Einwand, daß Geld kein Geld erzeugen könne, hält er für widerlegt durch die ökonomische Praxis.

Als Theologe erklärt Calvin (in ›Institutio religionis christianae‹), mit dem biblischen Zinsverbot sei nur der Schutz der Armen gegen die Lieblosigkeit der Reichen gefordert. Es gehe nicht um den Schutz desjenigen, der mit geliehenem Gelde den Ertrag seines Betriebes steigere. Diese Auffassung Calvins hat sich aber nur langsam durchsetzen können. In den frühen calvinistischen Synoden heißt es noch, daß ein „Lombardierer“ (jemand, der Zinsen nimmt), nicht zum Abendmahl zuzulassen ist. Erst im 17. Jahrhundert wird das Zinsnehmen in calvinistischen Gemeinden allgemein akzeptiert.

In England und Holland wurde der Calvinismus zur Religion des nach wirtschaftlichem Erfolg strebenden Menschen umgeprägt. Dabei spielte Calvins Lehre von der Prädestination (der Glaube an die Vorherbestimmung zur Erlösung oder Verdammnis) eine wichtige Rolle. Diese Lehre wurde so interpretiert, daß der Mensch an seinem wirtschaftlichen Erfolg erkennen könne, ob er zu den Auserwählten gehöre oder nicht. Zum ersten Male hemmte somit die christliche Religion die Entfaltung der wirtschaftlichen Leistungsfähigkeit nicht, sondern förderte sie.

Calvin betonte als erster christlicher Schriftsteller die ökonomische Andersartigkeit der städtischen Wirtschaft gegenüber der Landwirtschaft. Während viele seiner Zeitgenossen (s. S. 92 ff.) das ländliche Leben als moralisch positiv, fast alle Formen städtischen Lebens aber als verwerflich ansahen, trat der Genfer Reformator für die Anerkennung und Förderung von Handel und Gewerbe ein.

Die Menschen sind — nach Calvin — zu tätigem Leben geschaffen. Gott will, daß jeder nutzbringend für das „gemeine Beste“ lebe und arbeite. Der Mensch konkretisiert seinen Glauben in seiner Berufsarbeit.

Calvins Arbeitsethos ging ein in seine Lehre von der Obrigkeit: Unermüdliche Arbeit muß von der Obrigkeit gefördert werden. Müßiggang und kontemplatives Dasein (Mönchtum) soll die Regierung unterbinden. Der Staat hat auch die Aufgabe, die Bürger zu einfacher Lebensführung anzuhalten. Wirtschaftlicher Erfolg sollte nicht von einem sparsamen und einfachen Leben abhalten, sondern Grundlage und Ansporn für immer größere Anstrengungen sein.

Obwohl Calvin naturrechtliche Gedanken vertrat (bestimmte Rechte der Menschen sind unantastbar, sie bestehen jenseits von Sitte und Vertrag; zu diesen Rechten gehören u. a. das Recht auf persönliche Freiheit und auf Eigentum), wandte er sich gegen die Tendenz, aus der Gleichheit aller vor Gott eine Gleichstellung im sozialen und wirtschaftlichen Leben abzuleiten. Vielmehr macht die Sündigkeit der Welt eine Ordnung des Gemeinschaftslebens notwendig, in der auch die Träger der Macht und die Regierten Begrenzungen ihres Freiheitsraumes hinnehmen müssen. Die Ordnung wird durch die Gesetze aufrechterhalten. Die Über- und Unterordnungsverhältnisse sind von Gott gesetzt. Die Grenze des Gehorsams gegenüber der staatlichen Ordnung ist erreicht, wenn Gehorsam gegen die Obrigkeit zum Ungehorsam gegen Gott wird.

Werke:

Die lateinischen Schriften finden sich in: Corpus Reformatorum. Hrsg. von G. Baum, E. Cunitz, E. Reuß. Bd. 29—87. Braunschweig 1863—1900.

Die Abhandlung ›Vom Wucher‹ ist enthalten in der deutschen Ausgabe der Schriften Calvins (hrsg. von Baum, Cunitz u. a.), Braunschweig 1871—76.

Zu Fragen des ethisch gerechtfertigten wirtschaftlichen Handelns vgl. ›Unterricht in der christlichen Religion‹. (Institutio Religionis Christianae.) Nach d. letzten Ausg. bearb. u. ins Deutsche übertr. von E. F. K. Müller. 2. verm. u. durchges. Aufl., Neukirchen 1928. Das Werk wurde ferner nach d. letzten Ausg. übers. u. bearb. von O. Weber. 3 Bde. Neukirchen 1936—38.

Bibliographie:

E. Erichson, Bibliographia Calviniana. Berlin 1900.

Über Calvin:

F. Lau, Der Glaube der Reformatoren. Luther, Zwingli, Calvin. Bremen 1964.

Zu Calvins ökonomisch relevanten Auffassungen:

L. Elster, Johann Calvin als Staatsmann, Gesetzgeber und Nationalökonom. In: Jahrbücher f. Nat.-Ök. u. Stat. 31 (1878). In diesem Aufsatz wird die Bedeutung CALVINS für die Entfaltung des sogenannten „kapitalistischen Erwerbsstrebens" deutlich.

Max WEBER hat die Zusammenhänge zwischen Religion und wirtschaftlicher Entwicklung eingehend untersucht. Trotz aller Kritik an einzelnen Einseitigkeiten ist sein Buch ›Die protestantische Ethik und der Geist des Kapitalismus‹ (Tübingen 1934) eines der grundlegenden Werke zum Verständnis der wirtschaftlichen und sozialen Bedeutung der Reformatoren. Dazu auch:

A. Müller-Armack, Religion und Wirtschaft, Geistesgeschichtliche Hintergründe unserer europäischen Lebensform. Stuttgart 1959.

Zur Zinsfrage:

E. Ramp, Die Stellung von Luther, Zwingli und Calvin zur Zinsfrage. Diss. Zürich 1949.

Auch *Calvins Lehre vom Staat* hat weitreichende Bedeutung für die folgenden Jahrhunderte gehabt — nicht nur in den Staaten, in denen Bürger protestantischen Glaubens eine führende Rolle spielten, sondern auch in den katholischen Monarchien, die in der Gegenreformation bestrebt waren, reformatorische Gedanken nicht nur im Bereich der Theologie abzuwehren.

E. Wolf, Theologie und Sozialordnung bei Calvin. In: Archiv für Reformationsgeschichte 1952.

F. Karrenberg (Hrsg.), Evangelisches Soziallexikon. 6. Aufl., Stuttgart 1970. (Darin Artikel über Sozialethik bei Calvin.)

4. Weiterführende Literatur zu Kapitel V

Einen *Überblick über die Auffassungen der Humanisten und Reformatoren* geben die folgenden Werke:

G. Schmoller, Zur Geschichte der nationalökonomischen Ansichten in Deutschland während der Reformationsperiode. In: Zeitschrift f. d. ges. Staatswiss. 16 (1860).

H. Wiskemann, Darstellung der in Deutschland zur Zeit der Reformation herrschenden nationalökonomischen Ansichten. Preisschriften der Fürstlich Jablonowski'schen Gesellschaft. Bd. X. Leipzig 1861.

W. Roscher, Die deutsche Nationalökonomik an der Grenzscheide des sechzehnten und siebzehnten Jahrhunderts. Leipzig 1862.

W. Roscher, Geschichte der Nationalökonomik in Deutschland. München u. Berlin 1874. 2. Aufl. 1924.

H. G. Schachtschabel, Der gerechte Preis. Geschichte einer wirtschaftsethischen Idee. Berlin 1939.

VI. ANHANG: DIE GELDLEHRE UND IHRE WICHTIGSTEN BEGRÜNDER

Im 16. Jahrhundert sind in Europa erhebliche Preissteigerungen festzustellen. Sie sind auf eine Erhöhung der Geldmenge zurückzuführen und auf die wachsende Nachfrage infolge der starken Bevölkerungsvermehrung. Diese Erscheinungen führten dazu, daß einige Schriftsteller sich von der ethisch-moralisierenden Behandlung ökonomischer Phänomene abwandten und versuchten, die Ursachen dieser Erscheinungen zu erforschen. Somit finden wir im 16. Jahrhundert in Deutschland, Frankreich und England eine Reihe von Werken, die sich mit den Erscheinungsformen und dem Wesen des Geldes beschäftigen. Gleichzeitig wird die Bedeutung des Geldwesens für die Finanzwirtschaft des Staates hervorgehoben.

Georg Agricola (1490—1555), Arzt und Naturforscher, beschäftigte sich mit dem Metallgehalt des Geldes. Er forderte reine Gold- und Silbermünzen, um die Münzverschlechterungen zu bekämpfen. Er wandte sich gegen die Behandlung der Geldprobleme unter ethischen Gesichtspunkten. Der Geldverkehr stellt seiner Ansicht nach einen Fortschritt gegenüber dem Naturaltausch dar, deshalb soll er nicht verdammt, sondern gefördert werden.

Werke:

Die Werke Georg Agricolas (Georg Bauers — er hatte seinen Namen entsprechend einem im Humanismus weitverbreiteten Brauch latinisiert) sind in lateinischer Sprache geschrieben. Schon im 16. Jahrhundert wurden sie übersetzt.

Rechter Gebrauch der Alchimei. Köln 1531.

Vom Bergwerk. 12 Bücher. Basel 1557. Nachdruck in Vorbereitung.

Von den Metallen. Basel 1556. Nachdruck in Vorbereitung. Ausgabe unter dem Titel ›Zwölf Bücher vom Berg- und Hüttenwesen‹ in neuer deutscher Übers. bearb. von C. Schiffner. Hrsg. v. der Agricola-Gesellschaft beim Deutschen Museum in München. Berlin 1928.

Über Agricola:

Vgl. SCHMOLLER (Zur Geschichte der nationalökonomischen Ansichten) und ROSCHER (Geschichte der Nationalökonomik in Deutschland).

JOACHIM CAMERARIUS (1500—1574), Professor in Leipzig, übersetzte die für Ökonomen interessanten Werke des ARISTOTELES; auch eine unvollendete XENOPHON-Übersetzung ist erhalten.

Aufgrund historischen Materials kam CAMERARIUS zu der Erkenntnis, daß das Geld nicht nur den Tauschverkehr erleichtert. Ausgehend von den Vorstellungen ARISTOTELES untersuchte er den Unterschied zwischen „Wucher" und Kapitalzins. Er betonte, die produktive Nutzung des Geldes rechtfertige ebenso ein Entgelt wie die Nutzung des Boden.

Werke:

Anmerkungen zu Aristoteles' Politik und Ökonomik nebst einer Übersetzung von Xenophons Ökonomik. Frankfurt/M. 1581.

Über Camerarius:

Vgl. ROSCHER (Geschichte der Nationalökonomik in Deutschland).

CHRISTOPH BESOLD (1577—1638) empfahl zur Bekämpfung des Wuchers die Einrichtung öffentlicher Leihhäuser. Die Besteuerung der notwendigsten Lebensmittel lehnte er ab, da sie an den Preiserhöhungen schuld sei.

Wichtig sind BESOLDS Gedanken über den Zins. Er erkannte den Unterschied zwischen Darlehn für produktive und für konsumptive Zwecke. Der Kapitalzins, den das ausgeliehene Geld bringt, ist durch den Nutzen für den Schuldner gerechtfertigt.

Werke:

Discussiones quaestionum aliquot de usuris et annuis reditibus. Tübingen 1598.

Discursus de aerario politico. Tübingen 1615. 3. Aufl. 1639.

Discursus politicus de incrementis imperiorum. Straßburg 1623. 2. Aufl. 1640.

Über Besold:

Vgl. ROSCHER (Geschichte der Nationalökonomik in Deutschland) und SCHACHTSCHABEL (Der gerechte Preis).

JEAN BODIN (1530—1596), in der Literatur oft Johannes Bodinus genannt, gilt als Begründer der Staatslehre der Neuzeit. Seine Bedeutung für die Volkswirtschaftslehre liegt darin, daß er als erster die Inflation des 16. Jahrhunderts auf ihre — nach heutiger Erkenntnis — wichtigste Ursache zurückgeführt hat, nämlich auf die Erhöhung der Geldmenge.

Nach BODIN sind die Preissteigerungen Folge des Zustroms von Edelmetallen und der Ausbreitung des Bankwesens.

BODIN gilt als Wegbereiter des Merkantilismus, da er sich eingehend mit den Zöllen beschäftigt hat und die Belastung des Imports von Fertigwaren forderte, während die Einfuhr von Rohstoffen erleichtert werden sollte. Über die Einkünfte der Fürsten stellte er Listen auf; hier wurde zum erstenmal eine systematische Darstellung der Staatseinnahmen versucht.

Werke:

Methodus ad facilem historiarum cognitionem. Paris 1566 und öfter.

Discours sur les causes de l'extrème cherté qui est aujourd'hui en France. 1574.

Seine Geldlehre entwickelte er in ›La Réponse au paradoxe de M. de Malestroict sur le fait des monnayes‹. Paris 1568. Neu hrsg. von H. Hauser 1932.

Die Staatslehre legte er dar in ›Les six livres de la République‹, 1576.

Über Bodin:

H. Baudrillart, Jean Bodin et son temps. Tableau des théories politiques et des idées économiques au seizième siècle. Paris 1853.

Vgl. dazu auch ROSCHER (Geschichte der Nationalökonomik in Deutschland) und ONCKEN (Geschichte der Nationalökonomie).

MAXIMILIEN DE BETHUNE, HERZOG VON SULLY (1560—1641),

Finanzminister Heinrichs IV. von Frankreich, erkannte, daß der König von Frankreich sich nur dann gegen die Stände behaupten könne, wenn er die Finanzen des Staates zu Lasten der Feudalherren stärke.

SULLY sorgte in Frankreich für eine moderne Finanzverwaltung, führte eine Finanzstatistik ein und stellte Haushaltspläne auf. Die steigenden Einnahmen verwandte er dazu, Landbesitz der Feudalherren aufzukaufen, um ihre Macht zu brechen. Ferner verbesserte er die ökonomische Lage der Bauern zu Lasten der Grundherren. SULLY gilt als der erste Wirtschaftspolitiker des neuzeitlichen Territorialstaates.

Werke:

Mémoires des sages et royales Oeconomies d'Etat. 1638 und öfter. Dieses grundlegende Werk über die Finanzwirtschaft ist in mehr als 100 Auflagen erschienen. Dabei sind zu unterscheiden: die ursprüngliche Fassung und die Ausgabe, die der Abbé L'Ecluse 1745 redigierte. Letztere bemüht sich, die Angriffe des Protestanten Sully auf die katholische Religion und auf die Wirtschaftspolitik katholischer Staaten wie Österreich und Spanien zu mildern oder auszumerzen.

Über Sully:

C. Turgeon, Les idées économiques de Sully. In: Revue d'histoire économique et sociale 11 (1923).

E. C. Lodge, Sully, Colbert and Turgot. London 1931.

C. Rist, Un bon Francais: Sully. Paris 1941.

ANTOINE DE MONTCHRÉTIEN (1575—1621) prägte den Begriff „politische Ökonomie". Auf Reisen nach Holland und England erkannte er die wirtschaftliche Bedeutung des Handels; nach seiner Rückkehr gründete er in Frankreich Handels- und Manufakturbetriebe.

Werk:

Traité de l'économie politique. Rouen 1615.

Das Buch enthält vier Abschnitte über die Manufakturen, über den Handel, über die Schiffahrt und über die Aufgaben der Fürsten. (2. Aufl. Paris 1889 mit einer Einführung von Th. FUNK-BRENTANO.)

Über Montchrétien:

P. Mombert, Geschichte der Nationalökonomie. Jena 1927.

R. Gonnard, Histoire des doctrines économiques. Paris 1941.

Ausführungen über MONTCHRÉTIEN auch bei ONCKEN (Geschichte der Nationalökonomie).

THOMAS GRESHAM (1519—1579) — er gilt als Begründer der Londoner Börse — geht in die Geschichte der Volkswirtschaftslehre ein durch das sogenannte "GRESHAM'sche Gesetz": Das schlechte Geld verdrängt das gute Geld.

Seit dem 12. Jahrhundert waren in den europäischen Ländern Gold- und Silbermünzen nebeneinander im Umlauf. Daneben gab es Scheidemünzen mit sehr unterschiedlichem Metallwert. Das Verhältnis von Gold- zu den Silbermünzen wurde durch den Tauschverkehr bestimmt (Parallelwährung). Erst im 17. Jahrhundert wird der Kurs Gold : Silber gesetzlich fixiert (Doppelwährung, in England 1696 eingeführt).

GRESHAM hat die Erkenntnis, daß ein gesetzlich fixiertes Wertverhältnis zweier Münzen nicht lange mit den tatsächlichen Austauschrelationen übereinstimmt und daß dann den Münzwerkstätten das niedriger bewertete Metall zur Ausprägung angeboten, während das höher bewertete gehortet wird, mit Überlegungen zum Außenhandel verknüpft. Damit unterscheidet er sich von ORESMIUS und ARISTOPHANES (s. S. 79 f., 12 f.). Für den Außenhandel, betont er, sei vollwertiges Gold und Silber erforderlich, unterwertiges Geld werde zurückgewiesen. (Diese Ansicht beruht auf den praktischen Erfahrungen, die GRESHAM als Beauftragter der englischen Krone in Antwerpen machte.)

Über Gresham:

W. Roscher, Zur Geschichte der englischen Volkswirtschaftslehre im 16. und 17. Jahrhundert. Leipzig 1851.

H. Schacht, Der theoretische Gehalt des englischen Merkantilismus. Diss. Kiel 1900. Reprogr. Nachdruck Frankfurt/M. 1968.

F. R. Salter, Sir Thomas Gresham. London 1925.

THOMAS MUN (1571—1641), Direktor der Ostindischen

Handelskompagnie, erkannte, daß die Ausfuhr von Edelmetallen nützlich ist, wenn sie den Handelsverkehr begünstigt. Damit begründete er eine englische Spielart des Merkantilismus, welche die Bedeutung des Handels in den Vordergrund stellte.

Werke:

Discourse on England's treasure by foreign trade. London 1664 und öfter. Teilabdruck in deutscher Übersetzung in: K. Diehl u. P. Mombert, Ausgewählte Lesestücke zum Studium der Politischen Ökonomie. Bd. I. Karlsruhe 1910.

Über Mun:

Vgl. Roscher (Zur Geschichte der englischen Volkswirtschaftslehre).

NAMENVERZEICHNIS